人与组织匹配对员工创新行为的影响机制研究

RE N YU ZUZHI PIPEI DUI YUANGONG CHUANGXIN XINGWEI DE YINGXIANG JIZHI YANJIU

影响机制研究

杨 英◎著

中国水利水电出版社
www.waterpub.com.cn

内 容 提 要

本书从"人"的角度出发,对组织匹配对员工创新行为的影响机制进行了系统的研究,主要内容包括:研究的背景、意义、流程;研究的相关文献综述;研究的理论模型及研究假设;研究的方法和研究设计;研究的数据分析与讨论以及研究的结论和建议。本书的这些研究是具有一定意义的,它验证了组织环境下的人,解释了组织匹配的三种形式与心理授权的关系。

本书可以作为从事人力资源管理研究的专家学者的参考资料,也可以作为企业人力资源管理者的提高阅读资料。

图书在版编目(CIP)数据

人与组织匹配对员工创新行为的影响机制研究/杨英著.--北京:中国水利水电出版社,2013.12
ISBN 978-7-5170-1555-0

Ⅰ.①人… Ⅱ.①杨… Ⅲ.①企业-职工-创造能力-影响因素-研究 Ⅳ.①F272.92

中国版本图书馆 CIP 数据核字(2013)第 315533 号

策划编辑:杨庆川 责任编辑:张玉玲 封面设计:崔 蕾

书 名	人与组织匹配对员工创新行为的影响机制研究	
作 者	杨英 著	
出版发行	中国水利水电出版社	
	(北京市海淀区玉渊潭南路 1 号 D 座 100038)	
	网址:www.waterpub.com.cn	
	E-mail:mchannel@263.net(万水)	
	sales@waterpub.com.cn	
	电话:(010)68367658(发行部)、82562819(万水)	
经 售	北京科水图书销售中心(零售)	
	电话:(010)88383994、63202643、68545874	
	全国各地新华书店和相关出版物销售网点	
排 版	北京鑫海胜蓝数码科技有限公司	
印 刷	三河市天润建兴印务有限公司	
规 格	148mm×210mm 32 开本 6.75 印张 182 千字	
版 次	2014 年 4 月第 1 版 2014 年 4 月第 1 次印刷	
印 数	0001—3000 册	
定 价	28.00 元	

凡购买我社图书,如有缺页、倒页、脱页的,本社发行部负责调换

前　　言

　　呈献给读者的这部作品,是在我的博士论文基础之上修订而成的,主要探讨了人与组织之间的匹配对个体创新行为的影响。21世纪的经济形态是以创新为主的知识经济,创新是企业获得竞争优势的重要源泉。我国学者虽然对于创新的研究也极为重视,但主要是从相对宏观的角度对技术创新与组织创新进行研究,从心理学和行为学角度来研究个体的创新行为还不够深入。

　　目前,国外学者对于个体创新行为进行了比较深入的研究,主要包括以下三个视角:一是考察个体因素对个体创新行为的影响;二是考察情境因素对个体创新行为的影响;三是综合考察个体与情境的交互作用对个体创新行为的影响。人－组织匹配的概念体现了"人与环境互动"的思想,因此可以作为一种理解和研究组织情境与员工工作态度和行为的重要思路,但是目前对于人－组织匹配与员工创新行为的关系研究并不多见。虽然有研究证实了人－组织匹配对创新行为有一定的促进作用,但较少涉及不同形式的匹配与员工创新行为之间的关系,也没有学者从社会认知理论的角度研究人－组织匹配对员工创新行为的影响机制。人－组织匹配是如何影响员工创新行为的?其影响机理如何?目前还没有学者进行研究,尚属于理论空白。本研究试图对上述问题进行深入研究。

　　本研究在阅读了大量国内外相关文献的基础之上,以托尔曼的认知行为主义、班杜拉的交互作用理论、勒温的群体动力理论和社会交换理论为基础,提出了人－组织匹配与员工创新行为之间关系的理论模型。通过深度访谈和问卷收集，本研究获得了大量的实证数据，并利用相关软件对数据进行了分析，得出了一些重要的结论。

另外，以往大部分学者对员工创新行为的研究，所关注的研究对象主要是科学家和研发人员。本研究认为这个范围过窄，因为创新既可以是突破式创新，也可以是渐进式创新。根据创造力理论，任何人都具有创新性，在适当的环境下都可以被激发出来，每个员工都可以在自己的任务范围内进行不同类型的创新。因而，本书对于研究对象进行了扩展，不仅包括企业的研发人员，也包括企业的管理人员、技术人员和一线技术工人。

本研究的贡献和意义主要表现在以下四个方面：一是验证了在组织环境背景下人－组织匹配的三种形式与员工创新行为之间的关系；二是证明了心理授权在人－组织匹配与员工创新行为之间的中介作用；三是揭示了心理授权和员工创新行为之间关系的调节因素；四是揭示了人－组织匹配及其三种匹配形式与心理授权之间的关系。

本书的出版首先要感谢我的博士导师孙乃纪教授。没有孙老师的悉心指导，就不会有本书的问世。其次，要感谢中山大学的于洪彦教授和香港中文大学的罗胜强教授，他们在论文的研究方法上给我提供了很多帮助。还要感谢在论文写作和数据收集中给予我帮助的众多昔日同窗好友和我的学生，这里就不一一感谢了！

由于本人才疏学浅，书中难免出现错误和疏漏，在此恳请同仁不吝赐教，以便在未来的研究中加以修正和完善。

杨英

2013 年 11 月

目　　录

1

第1章 绪论

1.1 研究背景

中国改革开放 30 多年取得了巨大成就,中国企业的生产能力也取得了长足的进步。但在国际分工与经济竞争中,被称为"世界工厂"的中国并不是传统意义上的"世界工厂",与昔日英、美、日等"世界工厂"相比,无论在量上还是质上,中国都与其存在着巨大差距,因此被称为高耗能、高污染、高成本、低技术、低附加值(三高二低)的"世界工厂"。

从历史上看,英、美、日等国是以其强大的创新与制造能力扮演的"世界工厂"角色,通过生产各种高质量的产品,成为"全球经济和贸易的核心国"。而中国在诸多领域、诸多行业基本放弃了研发,因此导致中国对外技术的依赖度很高。据统计,目前中国拥有自主知识产权核心技术的企业约占 0.03%,99% 的企业没有申请专利,50% 的企业没有自己的商标①。

除了自主研发能力薄弱以外,从产品制造的角度我们也可以找出差距。以制造业发达的日本为例,我们可以发现日本有一支世界上无可比拟的技术精湛的产业大军,他们从事相关工作几十年,灵巧

---

① 数据来源:http://wx.jiaju.sina.com.cn/news/2011-08-28/1555581592.shtml

的双手造出了世界上最精密的产品。中国虽然有大批的劳动大军在等待就业,但真正懂技术的熟练工人却十分稀少。由于企业缺乏长期规划,造成大部分工人难以在一个技术工种上从事较长的时间,产业技能无从提高。

在宏观层面上,国家已经意识到自主创新的重要性。胡锦涛总书记在2006年全国科学技术大会上的讲话就曾指出我国要走中国特色自主创新道路,建设创新型国家。《"十二五"规划纲要》中也明确指出,要大力提高科技创新能力,发挥人才资源优势,增强原始创新、集成创新和引进消化吸收再创新能力。在微观层面上,企业作为市场经济的主体,为了能在激烈的国际竞争中占有一席之地,就必须不断学习、不断创新,发挥各层次人才的积极性,鼓励发明、创造,形成一种创新性的氛围,才能提高自身的竞争力,立于不败之地。

1912年,经济学家熊彼特在他的德文版著作《经济发展理论》中,首次提出了创新的概念。熊彼特认为,"创新"就是"建立一种新的生产函数",即"生产要素的重新组合",就是把生产要素和生产条件的新组合引入到生产体系中,其目的是为了获取潜在的利润。熊彼特指出,创新可以分成五种情况,分别是:采用一种新的产品、采用一种新的生产方法、开辟一个新的市场、控制一种新的供应来源和实现一种新的组织。后来人们将其归结为五个创新,依次对应为产品创新、技术创新、市场创新、资源配置创新和组织创新。

从以上熊彼特对创新的定义中,我们发现,不管是哪一种创新,都离不开人作为创新主体的作用。我国在经济转型和发展的过程中,作为自主创新的企业,拥有一批主动积极、勇于创新的员工是企业赖以生存与发展的重要条件之一,是组织获得竞争优势的重要来源。目前,我国企业的总体创新能力并不强。从系统的观点来看,企业创新能力的提高不仅依赖于政府的政策和制度保证,也依赖于企业内部的创新文化和每个员工的创新行为。虽然很多企业在资金、设备等硬件设施上投入很大,但是并没有形成管理者所期望的"全员创新热潮"。因此,如何激发员工的创新行为,实现全员创新,已成为企业亟待解决的问题。

　　根据创造力理论,任何人都具有创造性,不管从事什么工作,在适当的环境下其创造力都会被激发出来。以往对于创新行为的研究中,研究者大多关注的是科学家和研发人员,很少关注一线工人和普通员工。从丰田汽车的实践来看,任何人都具备创新的潜质,人人都可以成为创新的能手。例如,一汽－大众首席高级技师、高级专家、全国人大代表王洪军一直在一汽－大众焊装车间一线工作,但他发明制作了钣金整修工具 40 余种 2000 余件,提炼出 123 种钣金修复方法,创造了"王洪军轿车钣金快速修复法"。专家们一致认为,这些快速修复法对车身表面钣金修复和调整具有重大的实用价值,居于国际先进水平[①]。

　　王洪军说,很多人认为一线工人不需要创新,其实不对,在他们的岗位上,有很多需要创新的地方。一个小小的创新,就能为企业解决生产难题,给企业带来非常大的效益。例如,在国家公布的 2008 年科技进步奖的获奖项目上,有两名一线工人的发明非常引人瞩目,他们的发明均获得了国家科技进步二等奖。其中一位是代旭升,他是中国石化股份公司胜利油田分公司的一名职工。他发明了"移动式套管气回收装置",这项技术不仅解决了套管气回收的难题,每年为企业创造效益 1000 万元,而且能够消除巨大的浪费,避免造成严重的环境污染。此项技术填补了国内的技术空白。另一位是赵林源,他是中油抚顺工程建设有限公司的职工。他获奖的"机械密封技术改造",延长了密封件的使用寿命,使得原来使用一周就要更换一套的密封件,现在可以使用一年以上。这项技术,可以为国家每年节省资金近百万元[②]。由此我们发现,创新不仅仅是科学家和高级技术人员的专利,普通工人也可以成为岗位创新能手。

---

　　① 资料来源:http://www.faw.com.cn/faw_online/news/sgc/dxxc/20110415145700037.htm

　　② 资料来源:http://china.toocle.com/cbna/item/2009-01-20/4386360.html

　　因此,本文的研究对象不仅关注企业的研发人员和管理者,也关注一般员工和技术工人,因为任何一个员工都有可能在自己的任务范围内有不同类型的创新。由此可见,员工的创新行为具有非常广泛的内涵,只要员工运用自己的知识和能力提出有价值的新思想或创造出有价值的新产品,我们都可以认为是员工的创新。

　　国外学者非常重视个体创造力的研究,并在教育学和心理学领域取得了丰富的研究成果,但在组织行为学领域中研究员工的创造力与创新行为只是近二十年才开始的。进入 21 世纪以来,越来越多的心理学和人力资源管理学者开始关注个体层次的创新问题,并日益成为组织行为学领域中研究的热点。个体的创新行为是与个体创造力非常相似的概念,但它们强调的重点有所不同,个体创造力强调的是提出创造性的想法,而个体创新行为强调的是创造性想法的成功实施(Amabile,1996)。

　　21 世纪的经济形态已变成以创新为主的知识经济,创新是企业获得竞争优势的主要源泉。我国学者对于创新的研究也极为重视,但主要是从相对宏观的角度来研究技术创新与组织创新(如郭韬,2008),从心理学和行为学角度来研究个体的创新行为还不够深入。Amabile(1988)认为员工个体的创造力是组织创新中最重要的因素,是组织创新的基础。Woodman,Sawyer 和 Griffin(1993)也认为创新可以分成个体、群体与组织三个层次,但是个体层次是创新的最终来源,是群体创新与组织创新的基础。也就是说,企业创新能力的强弱最终是由企业内部员工的能力决定的。在这种背景下,研究员工的创新行为及其影响机制具有非常重要的意义。

　　目前,学者们对于创新行为的研究大致可以分为三种视角:一是从个体视角考察个体因素对创新行为的影响,如个体智力、情绪、动机、认知风格、目标导向等个体特征与创新行为的关系(Amabile,2005;Barron and Harrington,1981);二是从组织环境视角考察情境因素对创新行为的影响,如工作自主性、挑战性、团队学习行为、领导风格、组织创新氛围等情境因素与创新行为的关系(Amabile,1996;

4

Zhang and Bartol,2010）；三是从个体与环境双向视角综合考察个体与情境因素的交互作用对个体创新行为的影响，并涌现了大量研究（Scott and Bruce,1994；Oldham and Cummings,1996；Zhou,1998；Gong,2009）。

在第一类研究中，研究者假设创造力是一种天赋，只有特定的个体才具有创造力，因此研究视角集中在考察个人的某种特殊人格品质或特殊的心智历程上。在第二类研究中，研究者将视线从个体层面转向组织层面，因为他们发现环境是产生创新行为的重要因素，员工个体的创新行为不仅与员工自身的创造性特质、工作动机等有关，还与组织的创新性氛围、领导风格、组织支持、挑战性的工作、工作自由度等有关（Amabile,1996；Tierney,1999）。在第三类研究中，研究者同时考虑了个体因素和环境因素对个体创新行为的影响。他们通常选取个体特征（如情绪）和情境特征（如领导风格）的某些变量，构造交互项，验证个人与环境共同作用时对创新行为的影响。这些研究很好地发现了特定变量组合下创新行为的影响因素，强调了个体与情境的匹配程度与个体创新行为的关系（孙健敏、王震，2009）。已有研究表明，个体因素与环境因素共同作用对员工的创新行为有更强的解释力，一个创新的诞生必须要有一个创新的思想和推动这一思想向前发展的环境。从理论上来讲，人－组织匹配（简称为 P-O Fit）的概念体现了"人与环境互动"的思想，因此可以作为一种理解和研究组织情境与员工工作态度和行为的重要思路（Kristof,1996）。

人－组织匹配与员工创新行为的研究一直是沿着两条不同的路径，对于两者关系的研究并不多见（Livingstone,1997；Choi,2004；孙健敏、王震，2009；杜旌、王丹妮，2009）。虽然很多学者已经发现支持性的环境和挑战性的任务对于个体的创造性行为有显著影响（Amabile,1996；Oldham and Cummings,1996），但是 Choi(2004)以学生为样本从人与环境匹配的视角对创造性行为的影响所进行的研究却发现环境的影响并不显著。一些学者已经通过研究证实了人－组织匹配对组织承诺、员工满意度等会产生积极的影响,也有研究证实了人—组织匹配对创新行为有一定的促进作用,但较少涉及不同形式的匹配与员工创新行为之间的关系,还没有学者从社会认知理论的角度研究人与组织匹配对员工创新行为的影响机制。因此,有必要对人—组织匹配与员工创新行为之间的关系进行进一步研究。

1.2 研究意义

1.2.1 理论意义

本研究的理论意义在于运用人与情境互动理论和实证研究的方法,考察人—组织匹配的三种不同形式对个体创新行为的影响,试图从系统的角度考察人与情境特征的组合与个体创新行为之间的关系,并探讨其中可能的中介机制与边界条件,以丰富现有的创新理论。具体来说,表现在以下几个方面:

1. 丰富现有的人—组织匹配与员工创新行为关系的研究

关于人—组织匹配与员工创新行为之间关系的研究比较少见,近年来才有学者关注(Choi,2004;孙健敏、王震,2009)。由于研究样本的不同,人—组织匹配,尤其是三种匹配形式对员工创新行为的影响还没有一个统一的结论。本文将通过实证研究,以企业员工为研究对象,进一步验证在真实的组织环境背景下人—组织匹配及其三种匹配形式对员工创新行为的影响。

2. 试图揭示人—组织匹配影响员工创新行为的"黑箱"

人—组织匹配是如何影响员工的创新行为的? 目前尚未有学者给出答案,是现有理论研究中的缺口。本文认为人—组织匹配不仅直接影响员工的创新行为,而且会通过心理授权的中介作用来影响员工创新行为。本文将通过实证研究,探索心理授权是否在人-组织匹配与员工创新行为之间的关系中起到了中介效应,试图揭示人-组织匹配影响员工创新行为的内在机理。

3. 探索人-组织匹配及其三种匹配形式与心理授权之间的关系

以往关于人-组织匹配与心理授权之间关系的研究中,仅有个别学者对价值观匹配与心理授权之间的关系进行了研究,并得出了价值观匹配对心理授权具有显著正向影响的结论(Gregory,Albritton and Osmonbekov,2010)。但是本文认为,价值观匹配仅是人-组织匹配中的一个维度,另外两种匹配形式(需求-供给匹配和要求-能力匹配)对心理授权的影响还没有学者进行研究。本文将同时对人-组织匹配的三种匹配形式与心理授权的关系进行研究,以丰富现有的人-组织匹配理论和心理授权理论。

4. 探索人-组织匹配影响员工创新行为过程中的调节变量

本文通过理论分析与深度访谈,发现员工的直接领导对于其心理授权会有很大的影响,同事的支持对于员工的创新行为也有很大的影响。因此本文在研究人-组织匹配与心理授权的关系时,认为主管支持会起到调节作用,在研究心理授权与员工创新行为之间的关系时,认为同事支持会起到调节作用。本文将通过实证研究,探索主管支持与同事支持是否分别起到了调节作用。

1.2.2 现实意义

在构成企业的诸多要素中,人是最活跃、最积极的要素,企业的一切活动都要靠人来完成。即使是最先进、最有效率的生产设备,如果不能被员工所掌握,也只不过是一堆毫无用处的废铁。在中国企业面临转型之时,如何激发组织中员工的创造力? 如何调动员工的创新意愿？如何将员工的创新意愿转化为创新行为？这些问题对每个管理者来说，都需要认真地思考。研究员工创新行为的影响机制主要有以下几方面的现实意义：

1. 研究员工创新符合低碳经济发展的要求

低碳经济指的是以碳为基础的燃料（煤、石油和天然气）所排放的二氧化碳得到显著降低的经济，是以低能耗、低污染为基础的绿色生态经济。发展低碳经济的实质是提高能源利用效率、开发新能源技术和转变能源结构，核心是制度创新和技术创新。制度创新是保障技术创新的前提，技术创新则是保证低碳、环保的根本。技术创新可以通过产品创新和工艺创新提高能源利用效率或增加低碳能源供应，减少经济系统对化石燃料的依赖，减少温室气体的排放。目前中国企业自主创新能力很弱，员工创新动力不足，不少企业重视技术引进，却不重视技术引进后的消化吸收，最终掉进了技术依赖的陷阱，结果是技术费用总量不少，但没有完成技术学习的过程，也没有培育出自己的技术创新力量。企业创新能力弱，归根到底是人的问题。由此可以看出，按照低碳经济发展的要求，企业员工的学习能力和创新能力非常重要。

2. 员工创新行为有利于企业提高整体绩效

员工个体的创新行为不仅会提高个人工作效率，也会对企业整体绩效产生影响。据报道[①]，东莞骏艺模具科技有限公司的一名普通员工，为企业研发了一项 UG 运用小工具，此款软件只要安装在电脑主机硬盘里，进行环境变量设置后即可设计模具，能让公司的设计工程师从重复性劳动中解放出来，把主要精力放在模具的方案设计上，从而提高设计效率。由于软件方便好用，且设计高效，已被推广

---

① 资料来源：东莞长安政府网 http://www1. dg. gov. cn/publicfiles/business/html-files/changan/jrca/201104/331705. htm

应用到骏艺国际集团七大子公司的设计工作中。此项技术被推广以后,有效地降低了设计出错率,减少了企业成品的浪费,节省了人力,增加了企业的接单量。他的贡献受到公司认可,被授予了"技术创新奖"。从以上案例我们可以看出,员工的创新行为有助于企业提高整体绩效。

3. 帮助企业制定有效的人力资源管理策略,激发全体员工的创新热潮

创新是企业发展的动力源泉,然而,人们往往只注重科技工作者的发明和创造,对基层员工在岗位上的小创意不屑一顾。有的基层员工也认为,技术创新属于管理层和技术层的事情,跟自己关系不大。但是有许多出自基层员工的小创意、小发明,却解决了制约企业发展的大难题。据报道,国外有家牙膏公司,生产的牙膏在质量、包装、价位等各方面都没问题,但市场销量却不佳。后来因为采纳了一位员工的建议,将过小的牙膏口半径扩大一毫米,消除了人们挤牙膏的麻烦后,销量才大幅上升。实践证明,企业发展需要全员创新。工艺创新、服务创新、管理创新,处处都有创新,需要充分挖掘员工的智慧和创造力。本研究的样本既包括了中高层管理者和技术人员,也包括了班组长和技术工人。研究样本的扩充使研究结论更具指导性,能帮助企业管理者从新的视角来思考和制定有效的人力资源管理策略,例如,如何进行员工关系管理,如何制定培训内容、培训方法等。

1.3　研究流程

研究流程是指研究工作所开展的步骤和过程,在研究的初始阶段加以确定是十分必要的。本文属于实证研究,从提出研究问题开始,本文中包括了文献回顾与分析、构建研究的理论模型、深度访谈、

量表与问卷的设计、预测试、调研数据的分析与讨论等多个环节。为了保证研究的顺利进行,本文在整个研究构思和研究过程中,主要遵循了以下研究流程,如图 1.1 所示。

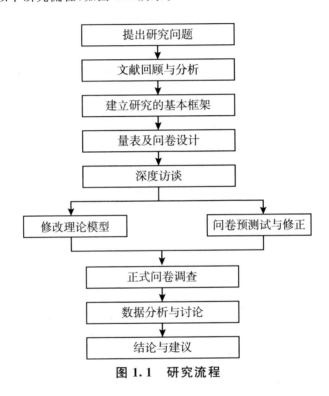

图 1.1　研究流程

1.4　本书的章节安排

本文主要是研究人－组织匹配、心理授权和员工创新行为之间的关系,主要内容共包括六个部分,整体架构以及具体的章节内容如图 1.2 所示。

　　第 1 章：绪论。本章首先阐述了本文的研究背景，并从理论和实践两个角度分析了研究的意义，然后对论文的研究流程、主要内容、章节安排进行了介绍，以便于读者从总体上把握全文，对本文要研究的问题有一个基本认识。

　　第 2 章：文献综述。针对本文的主要研究问题，本章对人－组织匹配、心理授权、员工创新行为、主管支持和同事支持的相关文献与理论进行了回顾与分析，阐释了研究中所涉及各个变量的内涵，了解了国内外相关研究的现状和研究不足，从而为提出本文的研究框架提供理论支撑。

　　第 3 章：理论模型与研究假设。本章在文献综述的基础上，构建了包括人－组织匹配、心理授权、员工创新行为、主管支持和同事支持的理论模型，根据相关理论阐明了各研究变量之间的关系，提出了相应的研究假设。

　　第 4 章：研究方法与研究设计。本章首先对研究中所采用的两种方法，深度访谈法和问卷调研法进行了介绍，然后介绍了各个变量的操作性定义和采用的量表，并通过深度访谈与小样本测试来修正问卷，最后介绍了本论文的数据分析方法。

　　第 5 章：数据分析与讨论。本章主要是对调研数据进行分析，首先是对其进行描述性统计分析，独立样本 T 检验和方差分析，以了解研究样本的基本情况，之后对各测量量表的信度与效度进行检验，对主要变量之间的相关性做了分析，最后运用回归分析的方法检验前文提出的相关理论假设，并对假设检验的结果进行深入分析和讨论。

　　第 6 章：研究结论与建议。根据第 5 章的研究成果，本章列出了主要的研究结论，阐明了本论文在理论上以及实践中的意义，揭示了本文的主要贡献，最后分析了本次研究的局限性，并提出了未来研究方向。

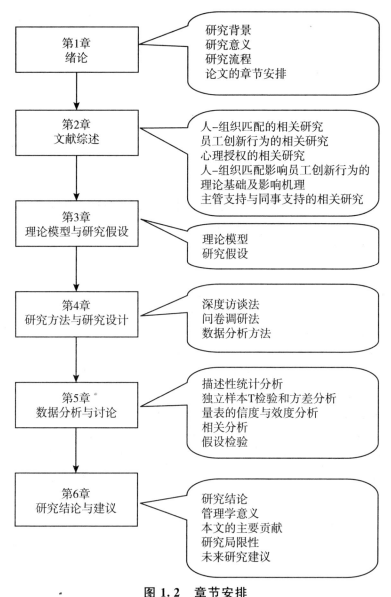

图 1.2　章节安排

第2章 文献综述

2.1 人－组织匹配的相关研究

2.1.1 人－组织匹配的内涵与结构

匹配(Fit)，也有学者翻译成契合，指的是一种相称、适应或胜任的状态。人－组织匹配(Person-Organization Fit，简称P-O Fit)从广义上来讲，可以被看做是个体特质与组织整体之间的协调、一致的状态(Gregory等，2010)。该理论从系统的角度看待人与组织之间的关系，因此受到了国外学者和管理者的广泛关注，目前已成为组织行为学领域的重要课题，20世纪80年代以来，研究成果不断涌现。国内学者金杨华和王重鸣(2001)最早将人－组织匹配的理论引入我国，目前我国对于人－组织匹配的研究尚处于起步阶段。

人－组织匹配(P-O Fit)的概念源于人－环境匹配(P-E Fit)，人－环境匹配理论认为个体的行为结果是个体与环境之间相互作用的函数。在组织行为学研究中，如果没有明确的界定，我们通常用组织代表个体所处的环境，因此人－组织匹配可以看作是个人与组织环境之间的适应性，或者说个人与组织环境之间的基本特质相同，以及人与组织之间能够彼此满足需要(Chatman，1989；Kristof，1996)。

什么是人－组织匹配？它的内涵是什么？不同的学者给出了不同的答案。总体来说，人－组织匹配的概念包括单维度、两维度和三维度三种观点，表2.1总结了不同学者对人－组织匹配的定义。

表2.1　人－组织匹配的结构与定义

构念结构	研究者	定义
单维度	Chatman(1989)	人与组织在规范、价值观方面的高度契合和一致
	O'Reilly 等(1991)	基于个体与组织价值观的文化匹配
	Cable 和 Judge(1996)	个体与组织个性的整体匹配
	Chan(1996)	个体特性(包括信念、价值观、兴趣和性格特征)与组织特性(包括价值观、规范、文化和组织气氛)之间的相容性
两维度	Muchinsky 和 Mona-han(1987)	人－组织匹配包括一致性匹配和互补性匹配，一致性匹配指个体与组织之间具有相似性，互补性匹配指个体拥有能填补组织不足的独特资源
	Caplan(1987)	人－组织匹配包括需求－供给匹配和要求－能力匹配，当组织满足个体的需要和偏好时，需求－供给匹配就发生了；当个体拥有组织所要求的能力时，要求－能力匹配就发生了
三维度	Kristof(1996)	人－组织匹配包括一致性匹配(价值观匹配)、需求－供给匹配和要求－能力匹配

资料来源：根据文献资料整理

1. 单维度定义

这种观点认为人与组织匹配是人与组织在规范、价值观方面的高度契合和一致（Chatman，1989）。Schneider（1995）的吸引—选择—摩擦模型（Attraction-Selection-Attrition Model）强调的就是个人目标和价值观与组织目标和价值观相符合。A-S-A 模型认为人受到与自身人格特征相似组织的吸引，经过自我选择和组织选择的过程而进入组织，又经过组织的社会化，从而产生留任行为或离职行为。

2. 两维度定义

Muchinsky 和 Monahan（1987）认为匹配包含两种类型：一致性（Supplementary）匹配和互补性（Complementary）匹配。一致性匹配指的是个体在目标、价值观以及态度等方面与组织中的其他成员或组织文化具有相似性，互补性匹配指的是个体拥有的独特资源可以满足组织的需要。

Caplan（1987）则从人与组织互相满足对方需要的角度，将人—组织匹配分成个人需求与组织供给（Needs-Supplies）相匹配以及工作要求与个人能力（Demands-Abilities）相匹配。需求—供给匹配是从组织满足个体需求的角度看待匹配，认为只有当组织满足个体的需要和偏好时，才能出现人与组织的匹配；要求—能力匹配是从个体满足组织要求的角度看待匹配，认为只有当个体拥有组织所要求的能力时，才能出现人与组织的匹配。

3. 三维度定义

在前面学者研究的基础上，Kristof（1996）对人—组织匹配的不同类型进行了整合，提出了人与组织匹配的整合模型。模型中人—组织匹配包括一致性匹配和互补性匹配，互补性匹配则进一步分成需求—供给匹配和要求—能力匹配，具体如图 2.1 所示。

Kristof（1996）认为，当个体和组织间的基本特征相似时，则发生了一致性匹配（箭头 a）。个体的基本特征包含了个体目标、个性、价值观和态度等方面的内容，组织的基本特征包含了组织目标、组织氛围、组织价值观、组织文化和规范等内容。个体和组织之间只有在

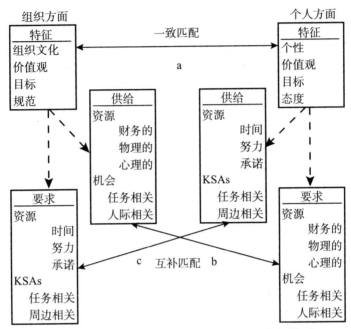

图 2.1　Kristof 提出的人—组织匹配整合模型

以上方面相似时,才可能存在一致性匹配。

　　人与组织之间的互补性匹配则包括了两个方面:一是组织提供资源与机会来满足个体在这些方面的需要(箭头 b),如组织提供了个体工作所需的财务、物质和心理资源以及工作任务与人际交往的机会,这种匹配即是需求—供给匹配;二是个体为完成工作任务消耗了时间、努力、承诺、经验等来满足组织在这些方面的需要(箭头 c),这种匹配即是要求—能力匹配。

　　从 Kristof(1996)的整合模型中,我们可以看出,人—组织匹配的概念指的是人与组织在三个方面的匹配,即价值观匹配、需求—供给匹配和要求—能力匹配。Cable 和 DeRue(2002)以及 Hinkle 和 Choi(2009)的研究都表明人与环境匹配是三维度的。因此本研究采用 Kristof(1996)关于人与组织匹配三维度的定义。

2.1.2　相似概念辨析

1. 人－职业匹配

人－职业匹配((Person-Vocation Fit,简称 P-V Fit)指的是人的个性特征要与职业性质相一致。由于个体存在差异,每个个体具有不同的个性特征,在进行职业选择时,要根据一个人的个性特征来选择与之相适应的职业种类,即人与职业的匹配。例如,Super(1953)的职业发展理论认为,人们应在形成自我概念的基础上,选择与个性相一致的职业。Holland(1973)也认为,每个人具有不同的个性,职业也一样,每种职业也具有不同的"个性"。他将人的个性定义为六种类型,即 RIASEC 类型(现实型、研究型、艺术型、社会型、企业型和常规型),同样,职业也具有相似的特征,当个体特性与职业环境之间具有相似性时就形成了人－职业匹配。因此,企业在招聘员工时经常将其作为选择的标准,以使员工的个性特质与职业环境相匹配。但需要注意的是,人－职业匹配并未考虑到员工与组织的价值观和文化是否一致,也许员工的价值观和目标与组织格格不入,并不适合进入该组织。因此,人－职业匹配与人－组织匹配是不同的概念,具有不同的内涵与外延。

2. 人－工作匹配

Edwards(1991)认为人－工作匹配(Person-Job Fit,简称 P-J Fit)包括两种基本的匹配:一是要求－能力匹配(Demands-Abilities Fit),指的是员工的知识和能力能够满足工作的要求;二是需求－供给匹配(Needs-Supplies Fit),指的是员工的需求、期望等与所从事的工作相吻合。Cable 和 DeRue(2002)认为人－工作匹配主要是指员工的能力和工作要求之间的一致性。从以上概念的界定中,我们可以看出,人－工作匹配相当于人－组织匹配中的一个或两个维度,

17

人—组织匹配的概念包含了人—工作匹配的含义。人—工作匹配强调的是人与特定任务之间的关系,人—组织匹配强调的是人与组织之间的整体关系。

2.1.3　人—组织匹配的类型

从 Kristof(1996)的定义中,我们可以看出,人—组织匹配包括三种因素的匹配。因此,人与组织的匹配程度,要取决于以下三个因素的共同作用:①双方目标与价值观一致;②要求—能力匹配(D-A Fit);③需求—供给匹配(N-S Fit)。这三个因素相对独立,按照每种因素是否匹配可组合成八种不同的类型(张翼等,2009),分别是人与组织完全匹配、高组织低个人匹配、低组织高个人匹配、低个人低组织匹配、互补性匹配、个人需要组织、组织需要个人和人与组织完全不匹配,如表2.2所示。

表 2.2　人—组织匹配的八种类型

人与组织匹配因素		人与组织匹配类型
因素①匹配	因素②、③也匹配 因素②匹配,因素③不匹配因素③匹配,因素②不匹配 因素②、③不匹配	人与组织完全匹配 低组织高个人匹配 高组织低个人匹配 低个人低组织匹配
因素①不匹配	因素②、③匹配 因素②匹配,因素③不匹配 因素③匹配,因素②不匹配 因素②、③也不匹配	互补性匹配 组织需要个人 个人需要组织 人与组织完全不匹配

资料来源:张翼等(2009)

从表 2.2 中可以看出,前四种匹配是基于双方目标与价值观一致基础上的匹配,属于较好的人－组织匹配,后四种为较差的人－组织匹配。也就是说,较好的人－组织匹配首先是人与组织在价值观上的一致性。匹配的因素越多,某个因素的匹配程度越高,人与组织的匹配就越好,较好的人－组织匹配会导致更多的积极结果。因此,如何改进个人与组织之间的匹配,使较差的匹配转变为较好的匹配,对个人和组织的发展来说,都具有重要的意义。

2.1.4　人－组织匹配的结果变量研究

人－组织匹配理论源于互动心理学的观点:即个人特征会与情境特征结合起来共同影响某一特定个人对某一既定情境的反应(Chatman,1991)。以往学者对于人与组织匹配的结果变量进行了大量的研究,且主要集中在人力资源管理和组织行为学两个领域。本文主要关注的结果变量是组织行为学领域的个体态度与行为变量。

通过总结目前的研究,我们发现人与组织匹配的程度会正面影响个体的结果变量。例如,与组织匹配水平高的员工与其他员工相比,会有更高的组织承诺、更高的工作满意感、更高的工作绩效以及更多的组织公民行为和创新行为等。

Goodman 和 Svyantek(1999)研究了人－组织匹配对个体任务绩效和关系绩效的影响,结果表明,人与组织的实际匹配程度既影响个体任务绩效,也影响个体关系绩效。Lauver 和 Kristof(2001)的研究也证实了这一点。

个体和组织之间匹配得越好,越会表现出亲社会行为。Chatman(1989)及其同事的研究表明,个体与组织价值观的匹配使得个体自愿地增加角色外行为(Extra-role Behaviors)来对组织作出贡献。Posner(1992)发现,与组织价值观一致的员工有更高的合作性和道德行为。袁凌、初立娜(2008)从社会认知理论的角度分析了人一组织匹配的三种形式是通过情感承诺的中介作用来影响组织公民行为的。

O'Reilly,Chatman 和 Caldwell(1991)通过纵向研究,发现人一组织匹配可以很好地预测工作满意度、组织承诺和员工离职行为。人一组织匹配对员工工作满意度和组织承诺有显著的积极效应(Westerman 和 Cyr,2004;陈卫旗、王重鸣,2007;Resick,2007)。Vancouver(1991)发现个体与组织的目标一致性会对工作满意度和组织承诺产生显著正向影响。有学者同时比较了个人一组织价值观匹配、需要一供给匹配与要求一能力匹配对工作满意度的影响效应,结果表明,需求匹配对工作满意度的预测效应最大,价值观匹配对工作满意度具有一定影响,能力匹配工作满意度没有显著作用(赵慧娟、龙立荣,2009)。Westerman 和 Cyr(2004)研究发现人与组织的价值观和工作环境的匹配会影响员工的工作满意度,但在其关系之中存在着某些调节变量和中介变量,需要进行深入的研究。人一组织匹配可以较好地预测离职意向。与组织价值观差异比较大的员工,更可能离开组织(Lauver and Kristof,2001)。

Van Maanen 和 Schein(1979)发现有创造力的个体是那些与组织匹配良好的人,创新型的改革者是通过寻求有效的策略而不是改变组织的价值观来实现的。Choi(2004)以北美商学院的学生为样本,研究了供给一期望匹配和要求一能力匹配对于创新行为的影响,结果发现个体对于创新环境的期望和个体实际的创造性能力对于创新行为有显著的正向影响。孙健敏和王震(2009)对于我国多个城市的企业组织进行了人一组织匹配对于员工创新行为影响的研究,研究结果表明,个人与组织在价值观上的一致性程度与创意产生正相关,工作要求与个人能力匹配程度与创意产生和实施都有显著相关。

我们把人一组织匹配与个体态度与行为结果变量的主要研究成果总结在表 2.3 中。

表 2.3　人－组织匹配与个体态度、行为结果变量的研究

态度和行为结果	国内外主要研究者
组织公民行为	Chatman(1989);Posner(1992)
个体绩效	Goodman 和 Svyantek(1999);Lauver 和 Kristof(2001)
工作满意度	Vancouver(1991);Westerman 和 Cyr(2004);Resick(2007);陈卫旗和王重鸣(2007);赵慧娟和龙立荣(2009)
组织承诺	Vancouver(1991);Westerman 和 Cyr(2004);陈卫旗和王重鸣(2007)
离职行为	O'Reilly,Chatman 和 Caldwell(1991);Lauver 和 Kristof(2001)
创新行为	Van Maanen 和 Schein(1979);Choi(2004);孙健敏和王震(2009)

资料来源:根据相关文献整理

通过以上文献回顾,我们发现:

人－组织匹配会影响员工的工作态度和行为,如工作满意度、组织承诺、组织公民行为、离职行为、创新行为等,但是大多数学者仅把价值观匹配作为人与组织匹配的全部研究范畴,因而忽视了人与组织之间的需求－供给匹配和要求－能力匹配。目前仅有少量学者同时考虑人－组织匹配的三种匹配形式(Resick,2007;孙健敏、王震,2009),其与员工创新行为之间的关系以及影响机制还有待于进一步研究。

2.1.5　人－组织匹配的测量

对于人－组织匹配的测量,不同的学者采用不同的测量方法。

目前,学者们主要采用两种方法:直接测量法与间接测量法。直接测量法是对个体与组织匹配知觉的测量,间接测量法是对人与组织实际匹配程度的测量(Kristof,1996;金杨华、王重鸣,2001)。

1. 直接测量法

直接测量法是通过对个体与组织之间是否存在良好匹配的主观知觉来进行测量,比如让个体通过主观评价来回答他的价值观是否与组织的价值观相符。如果个体知觉到他与组织的价值观相符,我们就认为个体与组织之间存在匹配。学者 Posner 等人就是利用直接测量法来测量人与组织之间的匹配程度的。由于直接测量法会存在一致性反应偏差,因而在方法论上受到了一定的批评。比如当研究匹配与工作态度的关系时,如果我们使用直接测量法,匹配的测量结果和工作态度的测量结果之间会存在着一致性反应偏差,这会使得匹配与工作态度之间的真实相关被高估。

2. 间接测量法

间接测量法是通过对个体特征和组织特征进行分别的评价,然后对二者的差异进行比较来进行测量的方法。测量指标分为两类:差异分数指标和相关系数指标(龙立荣、赵慧娟,2009)。差异分数指标包括减差、绝对值和平方差三种,都是假设差距越小,员工和组织之间的一致性越好。相关系数指标是假设员工和组织特征之间的相关系数越高,匹配得越好。这种测量方法通过实际评价人与组织之间的相似性和互补性,因而被认为是反映了人与组织之间的实际匹配程度,更好地测量了人与组织之间的真实匹配。与直接测量法相比,间接测量法有更低的一致性反应偏差。

随着研究的深入,学者们编制和使用的人—组织匹配量表也越来越全面。表 2.4 总结了人—组织匹配测量中使用的量表(孙健敏、王震,2009)。本文实证研究部分选用的是 Cable 和 DeRue(2002)的量表,主要原因是该量表所测量的项目与本文构念相同。

表 2.4　人一组织匹配的测量

报告源	学者	测量维度、题项与信度
组织层面	Adkins 等（1984）	与组织匹配,老员工对新进者与组织相似的知觉(P-O,0.96)
		魅力度、录用机会、老员工对新进者魅力度、录用机会的知觉(P-J,0.91)
	Kristof（2000）	与老员工的相似性、与组织匹配、老员工对新进者与组织匹配的知觉、新进者的胜任力(P-O,0.96)
		符合工作要求、老员工对新进者符合工作要求的知觉、确定新进者符合工作要求的信心(P-J,0.94)
个体层面	Cable 和 Judge（1996）	价值观与组织、其他员工匹配、人格(P-O,0.87)
		技巧能力、技巧能力缺乏、技巧能力胜任(P-J,0.68)
	Lauver 和 Kristof（2001）	价值观的相似、维持和冲突(P-O,0.83)
		人格、相似、能力、技巧、组织需求(P-J,0.79)
	Cable 和 Derue（2002）	个人一组织一致、生活一工作相似、组织认可(P-O,0.92)
		工作赋予、工作符合预期、需求兑现(N-S,0.93)
		训练、技能、教育(D-A,0.84)
	Resick 等（2007）	契合组织、价值观相似、与老员工个性一致、组织形象(P-O,0.94)
		工作赋予、良好匹配、目标实现、需求满足(N-S,0.92)
		能力、技能、KSA、技能胜任(D-A,0.72)

资料来源:孙健敏和王震(2009)

2.2 员工创新行为的相关研究

2.2.1 员工创造性与创新行为的概念

1. 员工创造性

不同学者从不同角度对创造性进行了定义,总体来说,有三种主要观点(Khazanchi,2005):①根据创造性人格定义创造性,即创造性指的是最能代表有创造性个体的能力。二十世纪五、六十年代主要围绕着创造性个体的人格特质进行了大量研究。②基于创造性过程来定义创造性,指的是识别产生创造性的过程特性。③基于产品特性来定义创造性,即一种产品或反应在以下两种情况下将被看作是创造性的,(a)对目前工作来说是新奇的、适当的、有用的、正确的和有价值的;(b)工作是探索式的而不是程序化的。

Shalley(2004)对员工创造性(Employee Creativity)所下的定义是,只要与其他事物和想法有区别,并且可以为组织带来长期或短期作用的行为,都可以看作是员工的创造性。Amabile(1988)认为员工创造性是指员工在工作中产生新颖的、有用的事物或想法,可以促使企业在激烈的市场竞争中革新、生存和成长,比如提供了新的产品、新的服务、使用了新的制造方法以及管理过程等。Amabile(1988)的这个定义包含了创造性的两个检验标准:新颖的(Novelty)与有用的(Usefulness),在组织行为学研究中被广泛采用。

2. 员工创新行为

员工创新行为(Employee's Innovative Behavior)是与员工创造性相关的概念,但它的含义比员工创造性更广也更复杂。员工创造性是指产生新奇和有用的想法,而员工创新行为除了包含产生创新性想法以外,还包含对创新性想法的推动和实施(Woodman,1993;Amabile,1996)。从这个意义上来讲,个体的创造性只是创新的起点。大多数管理学者都是从创新的过程观来定义个体创新的。

　　Scott 和 Bruce(1994)认为个体创新行为从识别问题开始,产生创新构想或解决方案,并为自己的想法寻找支持,最后将创新的想法"产品化"及"制度化"。在创新中产生的构想既可以是新奇的,别人从没采用过的,也可以是其他人在其他环境中已经采用的。Janssen(2000)认为员工创新行为可能是一种员工自主决定的角色外行为,不受到组织奖励,但是员工的创新行为却有利于个人有效地完成任务,提高组织的绩效。

　　Zhou 和 George(2001)也认为个体创新行为不仅仅指创新构想产生,而是包括创新构想产生、推广与发展执行方案。Kleysen 和Street(2001)通过对 289 项创新行为的总结,将创新行为分为五个阶段:探索机会、产生想法、形成调查、支持和应用。Van der Vegt 和 Janssen(2003)将个体创新行为定义为在群体或组织的工作角色中,有意识地产生、推动并实施新想法,以利于提高个体、群体和组织绩效。他们认为个体创新行为包括三个不同的阶段:想法产生、想法推动和想法实施。黄致凯(2004)也认为个体创新行为包含多个阶段,并将个体创新行为定义为"将有益的创新予以产生、导入以及应用于组织中任一层次的所有个人行动"。刘云、石金涛(2010)在Scott 和 Bruce 的研究基础上,将员工创新行为定义为:员工在组织相关活动中,产生、引进和应用有益的,新颖想法或事物的过程,其中包括形成或开发新的创意或技术,改变现有的管理程序以提升工作效率等。

　　所有的创新行为都起源于创新性的想法,任何一个新项目的成功实施、任何开发新产品或新服务的过程都依赖于个体或团队具有创新思想,并将其付诸实践。基于以上研究,本文认为员工创新行为至少包括两个方面:一是创新性想法的产生,二是创新性想法的成功实施。

2.2.2 员工创造性与创新行为研究的主要理论模型

哈佛大学教授 Amabile 是较早研究员工创造力的学者,并取得了丰富的研究成果。本节总结了以 Amabile 教授为主的一些重要研究成果。

1. 创造力成分模型

1983 年,Amabile 教授提出了著名的创造力成分模型,她认为有三个基本因素将影响个体的创造力,即领域相关技能(Domain-relevant Skills)、创造力相关技能(Creativity-Relevant Skills)和工作动机(Task Motivation),同时总结了每种因素包含和依赖的内容,具体如图 2.2 所示。

1 领域相关技能	2 创造力相关技能	3 工作动机
包括: —领域知识 —所需的技术技能 —特殊的领域相关才能 依赖于: —先天的认知能力 —先天知觉和运动技能 —正式和非正式的教育	包括: —适当的认知风格 —探索显性或隐性知识,以产生新奇的想法 —有益的工作风格 依赖于: —培训 —想法产生过程中的经验 —个性特征	包括: —工作态度 —承担工作的个人动机感知 依赖于: —工作内在动机的初始水平 —社会环境中存在或不存在的显著外在约束 —最小化外在约束的个体认知能力

图 2.2 Amabile 的创造力成分模型

2. 创造力过程模型

1988 年,Amabile 教授又提出了创造力过程模型,此模型中包含了影响创造力的三个基本成分、创造力产生过程的五个阶段以及每种成分在哪个阶段发挥作用,如图 2.3 所示。创造力产生过程的阶段 1 是工作或问题描述,在此阶段,工作动机具有重要的影响,如果个体对工作本身具有较高水平的内在兴趣,则这种兴趣足以产生创造力。阶段 2 是准备阶段,个体要收集与问题或工作相关的信息,如果个体缺乏专业领域相关的技能,这个阶段可能会持续时间较长,同时产生大量的学习行为。阶段 3 是产生新奇的产品或想法,工作动机和创造力相关技能在这个阶段起到了重要作用,包括灵活地选择认知途径、关注工作的特定方面等。阶段 4 是对已采取的想法进行验证,专业领域的相关技能仍然是非常重要的,因为这个阶段决定了产品或想法是否合适、有用、正确或有价值。阶段 5 代表了根据阶段 4 进行决策的结果,如果完美地通过了试验,完全达到了初始目标,则过程终止。如果完全失败,不可能产生合理的想法,这个过程也终止。如果目标有一定进展,至少可能产生合理的想法,则此过程回到阶段 1。

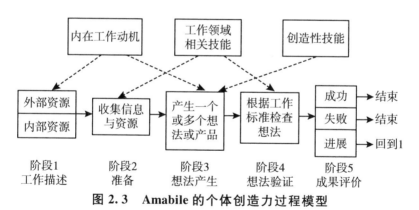

图 2.3　Amabile 的个体创造力过程模型

3. 个体创新行为模型

1994 年,Scott 和 Bruce 对影响个体创新行为的因素进行了整

27

合,从相互作用的角度提出了个体创新行为的假设模型,认为个体的创新行为是四个系统因素相互作用的结果,这四个系统因素分别是个体、领导、工作团队和创新氛围,如图 2.4 所示,这个模型为后续学者的研究提供了重要的理论参考。实证研究结果表明,领导一成员交换、领导者角色期望和创新支持对创新行为具有显著的正向影响,系统型问题解决风格对创新行为具有显著的负向影响,团队一成员交换、资源供应对创新行为没有影响,只有创新支持在领导一成员交换和创新行为中起到了中介作用。

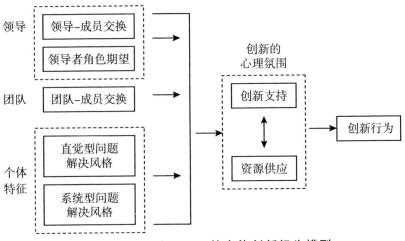

图 2.4　Scott 和 Bruce 的个体创新行为模型

4. 创造力工作环境模型

1996 年,Amabile 等人对促进与阻碍员工创造力的工作环境因素进行了分析,提出了一个概念模型,如图 2.5 所示,并首次用 KEYS 量表进行了实证检验。从图中可以清晰地看出,影响员工创造力的环境因素主要包括五个方面:鼓励创造性的环境、自主的工作环境、拥有充足的资源、工作压力和阻碍因素。其中,鼓励创造性的环境包括组织鼓励、上级鼓励和工作小组支持三个方面,均对员工创

造性有正向影响。组织鼓励包括鼓励冒险、鼓励各个层次管理者的
创新、对新主意公正的评价、对创造性的认知与奖励、鼓励合作性的
氛围等,上级鼓励包括设立清晰的目标、上下级之间开放式的互动、
上级对团队工作的支持等,工作小组支持包括团队成员具有异质性、
观点共享、对项目的共同承诺等。自主的工作环境和拥有充足的资
源也会提高员工的创造力水平。工作压力包括两方面:工作具有挑
战性和工作量过大,挑战性的工作对于员工创造性有正向影响,而过
重的工作负担对于员工创造性有负向影响。组织的阻碍因素包括内
部冲突、保守主义以及严格、正式的管理结构,这些因素都会对员工
的创造力有负向影响。

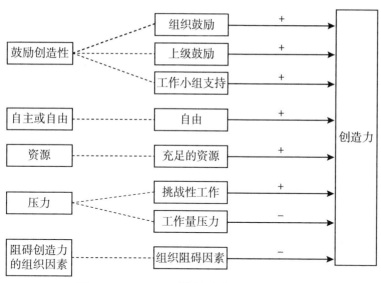

图 2.5　Amabile 的创造力工作环境模型

2.2.3　员工创新行为的前因变量研究

早期对员工创新的研究偏重于对创新个体自身特征的研究,学

者们主要关注的是具有何种特征的个体更具有创造力,许多学者对此都有过系统研究(如 Barron,1955;Mackinnon,1965)。当时人们没有意识到支持性的组织氛围会有助于提高员工的创造性,因而组织的主要目的是寻找和发现那些有创造性特质的员工,但是结果却并没有达到组织发展所需要的创造水平(Oldham and Cummings,1996)。随着社会心理学的发展,学者们逐渐将注意力转向了对创新环境的考察(Woodman,1993;Amabile,1996;Choi,2009)以及人与环境的相互作用上(Choi,2004;Shalley,2009)。

综合目前国内外研究现状,影响员工创新行为的主要因素包括个体因素、领导因素、组织因素、工作特征因素、团队因素、关系与社会网络因素以及人与环境交互作用因素,表 2.5 总结了关于员工创新行为的主要研究。

表 2.5　员工创新行为的主要研究

研究视角	主要研究者及年代	结论
个人特征视角	Amabile(1988)	个性因素、内在动机、拥有的知识会影响个体创造性
	Shalley(1991)	个体抽象思维能力和认知能力是员工创造性的重要影响因素
	Oldham 和 Cummings(1996);Fredrickson 和 Joiner(2002);Amabile(2005);George 和 Zhou(2007)	积极情感会增强员工的创造性
	Oldham 和 Cummings(1996);Zhou(2009)	创造性人格影响创造力

续表

研究视角	主要研究者及年代	结论
领导行为视角	Kirton(1976);Gibson,Fiedler 和 Barrett(1993);Zhou 和 George(2003);Sternberg,Kaufman 和 Pretz(2003)	领导特质会影响创造力,领导特质包括领导者的智商与情商,领导者的认知风格,领导者的内在动机等
	Tierney(1992);Scott 和 Bruce(1994)	领导-下属关系会影响员工创造力
	Scott 和 Bruce(1994);Oldman 和 Cummings(1996);Tierney(2003);Shin 和 Zhou(2003);Amabile(2004)	领导行为会影响员工创造力,如领导者对员工的支持行为,领导者的认可和期望,转型式领导行为
组织文化与氛围视角	Woodman(1993)	组织文化、资源、报酬、技术、战略和结构等组织特征都会影响员工创造性
	Amabile(1995,1996);Claxton(1997);Anderson 和 West(1998)	安全的、积极的、无压力的氛围会提高个体的创造力
工作特征视角	Amabile(1996)	过分的时间压力和超负荷的工作负担会减少员工的创造性活动
	Farmer(2003);Shalley(2009)	挑战性或复杂性的工作会提高创造性

研究视角	主要研究者及年代	结论
团队视角	Abbey 和 Dickson(1983)	工作氛围影响创新过程
	Shin 和 Zhou(2007)	团队成员的专业异质性有利于团队创造性,转换型领导方式起到调节作用
	Hirst(2009)	团队的学习行为在员工的学习导向和员工的创造性之间起到调节作用
关系与社会网络视角	Perry-Smith(2006)	弱关系会激发创造性思维
	薛靖和谢荷锋(2006)	个人在不同网络形态中的中心性与创新行为呈正向相关关系
	Zhou 等(2009)	弱关系数量与创造力呈倒 U 型曲线关系,个体的一致价值观起到调节作用
人与环境交互作用视角	Amabile(1983)	个体特性与工作环境特性都会促进个体的创造力
	Scott 和 Bruce(1994)	个体、领导、工作团队和创新心理氛围共同影响个体创新行为
	Livingstone 等(1997);Choi(2004);孙健敏和王震(2009);杜旌和王丹妮(2009)	人与环境的匹配会影响员工创新
	刘云和石金涛(2009)	组织创新气氛和个体激励偏好的交互作用影响员工的创新行为

资料来源:根据相关文献整理

1. 个体因素

研究者认为个体因素包括个性因素、认知因素、内在动机和拥有的知识四个方面(Woodman,1993)。个性因素指个体具有广泛的兴趣、充沛的精力、独立判断的能力、自信、好奇心等(Amabile,1988；Barron and Harrington,1981)，有学者发现创造性人格量表得分(Creative Personality Scale)对员工创造性有明显的正向影响(Oldham and Cummings,1996；Zhou,2009)；认知因素指人们看待与思考问题的方式，如发散思维与聚合思维(Woodman,1993)。个体的认知能力和抽象思维能力是影响员工创造性的重要因素(Shalley,1991)，具有创造性认知风格的员工会主动寻找解决问题的有效方法和途径，更愿意尝试冒险活动，因而能够很好地预测员工的创造性(Shalley,2004)；内在动机指员工对工作本身有热情，被任务的挑战性所吸引，具有自我驱动性；拥有的知识指完成专业领域所需的相关技能和与创造性相关的技能(Amabile,1988)。

还有一些研究者从个体的积极与消极情感、自我效能感、角色认同和目标导向等方面对员工创造性的影响进行了研究。研究结果表明，积极情感可以丰富员工的联想、增强多样性思维、提高解决问题的能力，从而促进了员工创造性的发挥(Oldham and Cummings,1996；George and Zhou,2007)。Fredrickson 和 Joiner(2002)认为"积极情绪会促使人们放弃机械的行动方案，追求新颖的、创造性的思想与行动"。Amabile(2005)通过纵向研究，发现员工的积极情感与员工的创造性正相关。

对于消极情感与创造性的关系，研究结论则不统一。有的研究者认为，消极情感会阻碍员工的创造力；也有的研究者认为，消极情感会促进员工的创造力；还有的研究者指出要综合考虑积极情感与消极情感的交互作用，如 George 和 Zhou(2007)通过实证研究发现在主管支持的组织环境下，积极情感与消极情感都较强时，员工的创造性最高。

2. 领导因素

大量研究表明,领导者在促进员工创造性中发挥着重要作用
(Zhang and Bartol,2010;Scott and Bruce,1994;Gong,2009)。有的
研究指出,参与、协作型领导、问题解决型领导和转换型领导可以有
效推动组织内的员工创新。领导以积极的信息反馈或建设性反馈方
式能激发员工的创造性(George and Zhou,2007),而领导者监督或
干涉员工决策则会大大降低员工创造性(Zhou and George,2003;
Shalley and Gilson,2004)。

Bass(1985)指出,领导风格包括交易型领导风格(Transactional
Leadership)和变革型领导风格(Transformational Leadership)两
种。交易型领导风格是指建立在交易或者契约基础上的领导风格,
即领导根据员工的努力和绩效提供相应的奖励或惩罚。变革型领导
风格是指与下属建立积极而深厚的感情,保持良好的沟通,激发个人
潜能,鼓励下属关心和追求企业的共同目标。对于知识型员工来讲,
创新是一个漫长的过程,难以短期见效,而交易型领导风格以任务为
导向,强调短期利益。因此,一般认为交易型领导风格会阻碍知识型
员工的创新行为,变革型领导风格会促进知识型员工的创新行为,但
也有学者指出交易型领导与变革型领导能够共同对员工创新能力产
生积极作用(丁琳,2009)。

有学者研究了管理者权力距离对员工创造性的产生和实施的作
用。研究结果表明,管理者的权力距离对员工创新过程的影响是不
同的,过高的权力距离会抑制员工创造性观点的产生,但是会促进创
造性观点的实施,并且对于创造性观点的产生向实施的转化过程起
促进作用(王垒等,2008)。

3. 组织因素

组织是复杂的社会系统,Amabile(1996)指出组织因素可以激
发员工的创造性行为,组织文化、资源、报酬、技术、战略和结构等组

织特征都会影响员工的创造性(Woodman,1993)。大量的实证研究证明了组织创新气氛对员工创新行为的影响,如组织气氛中的创新支持(Support for Innovation)对个人创新行为有显著的正向影响(Scott and Bruce,1994),员工若能得到主管鼓励及倾听的组织支持(Organizational Support),则员工在工作上会表现出较多的创新性(Shalley,2000)。

曾湘泉和周禹(2008)通过实证研究发现,外在报酬(包括工资增长、绩效奖金、团队激励、长期激励和福利保障)与人员的创新行为之间存在"倒 U"型的影响关系,即组织通过一定的外部报酬会提高员工的创新行为,但是过度的外部报酬却会削弱员工的内在动机,从而不利于创新。

郭桂梅和段兴民(2008)从员工与组织关系的角度对员工创造性的影响进行了实证研究,结果表明,不同的员工-组织关系对员工创造性的影响是不同的,其中组织中心型关系模式下的员工创造性表现为最高,工作中心型关系模式下的员工创造性表现为最低;内在动机对组织中心型关系模式与员工创造性之间的关系和工作中心型关系模式与员工创造性之间的关系均具有部分中介作用。

4. 工作特征因素

工作特征对员工创造性影响的研究主要集中于三个方面:工作压力、工作自主性、工作复杂性或挑战性(王先辉等,2010)。Amabile(1996)将工作压力视为影响员工创造性的负面因素,认为过分的时间压力和超负荷的工作负担会减少员工的创造性活动。但Shalley(2000)认为适当压力可以作为内在动机的唤醒因素,使动机一直保持在较高水平,从而提高创造性。在得到组织支持时,员工的自主性在促进员工应对高复杂性和高要求的工作中表现出较多的创新行为(Shalley,2000)。而当员工从事挑战性或复杂性工作时,能够产生较强的内在动机,增强员工对其工作的兴趣,从而产生高创造性(Shalley,2009;Farmer,2003)。

陈浩(2011)基于工作要求－工作控制模型和社会交换理论,发现工作要求与创新工作行为显著正相关;员工感知的组织支持对工作要求与创新工作行为具有正向调节作用,在工作要求压力下,相对于感知到较低组织支持的员工,感知到较高组织支持的员工更容易产生创新工作行为。

5. 团队因素

团队氛围、团队特征以及成员间关系会影响到员工的创造性。如 Abbey 和 Dickson(1983)对半导体行业的研发团队工作氛围与不同创新阶段的关系进行了研究,研究结果表明,团队合理的绩效报酬体系和团队灵活性与创新的三个阶段(创新初始阶段、创新采纳阶段和创新执行阶段)都呈显著的正相关关系,团队报酬水平和成就动机只与创新初始阶段呈显著的正相关关系。

Van der Vegt 和 Janssen(2003)对金融服务组织的 41 个团队343 名成员进行了跨层次的研究,发现只有在异质性团队中,任务的相互依赖性才可能对个体的创新行为产生显著的正向影响。Shin和 Zhou(2007)以 75 个研发团队作为样本进行了研究,发现团队成员的专业异质性会正向影响团队的创造力,虽然成员之间会由于专业的不同导致冲突,但这些意见在相互碰撞、交流后,却可以取长补短,为团队的创造性活动提供了必要的基础,并且转换型领导方式会在二者的关系中起到调节作用。

Hirst(2009)则发现团队的学习行为会在员工的学习导向和员工的创造性之间起到调节作用,当团队具有较强的学习行为时,学习导向对创造性的正向影响是中间高两头低的非线性形式;当团队的学习行为较差时,学习导向对创造性的正向影响是线性的。

6. 关系与社会网络因素

社会网络理论(Social Networks Theory)指出,任何经济组织或个人都具有与外界的"社会关系"与"联结",都镶嵌或悬浮于一个由多种关系联结交织成的多重、复杂和交叉重叠的社会网络之中。
Perry－Smith(2006)整合了创造性与社会网络理论,研究了关系强
度、网络位置和外部联系对个体创造性的影响,研究发现,弱关系有
利于创造性;个体在组织外部具有较少联系时,网络中心性与创造性
具有更强的正相关。

薛靖和谢荷锋(2006)通过对广告界人士的深度访谈分析,指出
个人的知识转换能力越高,其创新行为表现越好,个人在不同网络形
态中的中心性与创新行为呈正向相关关系。

Zhou 等(2009)研究了社会网络与个体价值观交互作用对个体
创造力的影响,研究发现,弱关系数量与创造力呈倒 U 型曲线关系,
个体的一致价值观起到调节作用。

7. 人与环境交互作用

研究者目前普遍认为,员工的创新行为既不仅仅受个体因素的
影响,也不仅仅受环境因素的影响,而是受个体因素与环境因素共同
作用的影响。如 Amabile(1983)指出个体特性与工作环境特性对促
进个体的创造力都是非常必要的。Scott 和 Bruce(1994)认为个体
的创新行为是个体、领导、工作团队和创新心理氛围四个系统因素相
互作用的结果。

刘云和石金涛(2009)研究了组织创新气氛和个体激励偏好的交
互作用对员工创新行为的影响。研究结论表明,外在激励偏好正向
调节组织创新气氛与员工创新行为的关系,但内在激励偏好反向调
节组织创新气氛与员工创新行为的关系。还有学者从人与环境匹配
的视角研究匹配程度对员工创新行为的影响(Livingstone 等,1997;
Choi,2004;孙健敏、王震,2009;杜旌、王丹妮,2009)。

2.2.4　员工创新行为的测量

有关员工创新行为的测量,最主要的有 Scott 和 Bruce(1994)以

及 Kleysen 和 Street(2001)编制的量表。Scott 和 Bruce(1994)的创新行为量表是在 Kanter(1988)个体创新行为三阶段论的基础上,编制的包括 6 个题项的个体创新行为量表,实证研究结果表明个体创新行为是单维度的构念。Janssen(2000)在 Scott 和 Bruce(1994)量表的基础上,将员工创新行为分成想法产生、想法推动和想法实施三个维度,每个维度 3 个题项,共 9 个题项,并利用员工自评和主管评价两种方式进行测量,结果表明各维度之间具有很高的相关性,因此也将员工创新行为看作单维度的构念,量表的 α 系数为 0.95(员工自评)和 0.96(主管评价)。刘云和石金涛(2009)的研究也发现员工创新行为包括 1 个维度,量表具有良好的信度和效度。

Kleysen 和 Street(2001)认为个体创新行为包括寻找机会、产生想法、形成调查、支持及应用五个阶段,因而编制了五维度的测量量表,但其构念效度的检验效果并不理想。黄致凯(2004)利用 Kleysen 和 Street(2001)的五维度量表在台湾的研究揭示出个体创新行为由创新构想产生和创新构想执行两个维度组成,所有题项的因素负荷量以及信度都符合研究标准。卢小君(2007)在大陆的研究也得出了类似的结果。本研究认同黄致凯(2004)在台湾以及卢小君(2007)在大陆的研究,认为这两个研究比较符合中国的实际情境,也符合本研究对于员工创新行为的定义。因此,在实证研究部分将采用黄致凯(2004)修订的创新行为两维度的量表。

基于以上文献回顾,本文发现目前的研究尚存在以下不足:

(1)人－组织匹配对于员工的个体绩效(Goodman and Svyantek,1999;Lauver and Kristof,2001)、组织公民行为(Chatman,1989;Posner,1992)、工作满意度(Vancouver,1991;Resick,2007;赵慧娟、龙立荣,2009)、组织承诺(Westerman and Cyr,2004;陈卫旗、王重鸣,2007)、离职行为(O'Reilly,Chatman and Caldwell,1991;Lauver and Kristof,2001)等有良好的预测,但人－组织匹配对创新行为的影响结论并不一致。

(2)人－组织匹配与员工创新行为的研究一直是沿着两条不同

的路径,对于两者关系的研究并不多见(Livingstone,1997;Choi,2004;孙健敏、王震,2009;杜旌、王丹妮,2009)。虽然 Kristof(1996)已经界定了人-组织匹配是具有三维度的构念,但是很少有学者同时研究这三种匹配形式对员工态度与行为的影响,尤其是在员工创造力与创新领域,实证研究还非常缺乏。

(3)对于创新行为影响因素的研究,学者们有三种研究取向,分别是从个体因素(Barron and Harrington,1981;Amabile,2005)、环境因素(Amabile,1996;Zhang and Bartol,2010)、个体与环境交互作用因素(Scott and Bruce,1994;Oldham and Cummings,1996;Zhou,1998;Gong,2009)来研究。已有研究显示,个体因素与环境因素共同作用对员工的创新行为有更强的解释力,因此学者们逐渐倾向于从个体与环境交互作用的视角来研究员工的创新行为。人-组织匹配代表了个体与环境的整体互动关系,但是它通过何种机制影响员工的创新行为,目前还没有学者研究,尚属于理论空白。

2.3 人-组织匹配对员工创新行为影响的理论基础与影响机理

人-组织匹配影响员工创新行为的理论基础主要包括托尔曼的认知行为主义、班杜拉的交互作用理论、勒温的群体动力理论和社会交换理论。

2.3.1 托尔曼的认知行为主义

认知行为主义,也称为新行为主义,是 20 世纪 30 年代以后美国新发展起来的一种行为主义心理学理论体系。托尔曼(Tolman,1886—1959)是美国新行为主义的代表人物之一。华生的行为主义无视有机体的内部过程,当时遭到人们的反对和批评。因此,托尔曼对华生的理论加以修正,在"刺激－反应"公式中加入了一个"中介变量"——内部心理过程,用以表示有机体内部过程在引起行为反应中的作用,从整体水平上对行为进行心理分析。"中介变量"介于环境刺激和行为反应之间,虽不能直接观察到,但它却是引起特定反应的关键,是行为的决定者。托尔曼认为人类有两种中介变量,包括需求变量和认知变量,需求变量决定行为的动机,认知变量决定行为的知识和能力。

2.3.2　交互作用理论

交互作用理论是美国著名心理学家班杜拉社会学习理论的基础。班杜拉(Albert Bandura,1925—　)多年担任美国斯坦福大学教授,被公认为是社会学习理论的创始人,在西方心理学界享有很高的声望,由于他杰出的科学贡献,美国心理学界多次对他给予奖励。

社会学习理论的基本观点是:人的行为不是如行为主义所说,由环境决定的,也不是由个人特质、本能、动机等内在结构决定的,而是由人与环境的交互作用共同决定的。"学习"一词在这里只是个概括的术语,是"泛指一个生物机体在生活过程中,在环境影响下所发生的行为变化,以别于先天性的活动"(周晓红,1990)。

"社会学习"一词最早出现于1941年,美国心理学家米勒与多拉德用它来表示一个人对他人行为的模仿。从60年代开始,美国心理学家班杜拉、米谢尔等人在吸收新行为主义心理学、认知心理学、人本主义心理学等诸多学派理论观点的基础上,对多种社会行为的产生发展进行研究,逐渐形成了社会学习理论的庞大框架,对西方心理学界和实际社会生活产生了较大的影响。

社会学习理论虽源于行为主义,但却认为,由于人们具有认知功能,行为的改变在无实际奖赏或惩罚的情况下也能发生。所以人不是被动的,而是有主动影响环境的能力。

班杜拉交互作用理论的主要观点是：人的行为受到内在个体因素与外在环境因素交互作用的影响。行为与环境以及个体内在因素三者是相互影响、交互决定的，构成一种三角互动关系，如图 2.6 所示。

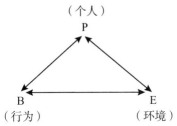

图 2.6　个人、环境和行为三者的交互作用图

在三元交互系统中，每个交互决定的因素既是其他两个因素决定的结果，又对其他两个因素产生决定作用。行为既受到环境和个人认知与需要的影响，同时也创造、改变环境；个人的不同动机及对环境的认识使人表现出不同的行为，这种行为又反过来影响人的认知与动机，使它们发生改变。但是，交互性关系并不意味着影响双方力量的对称性，即相互影响的双方并不一定具有等同的强度，其相对影响会因不同的活动、不同的个体和不同的环境条件而不同。有时环境的影响对行为具有决定作用，有时认知因素等也可能在这个交互决定链中起决定作用。班杜拉的学习理论超越了新行为主义的环境决定论，提出人有主动的方面，尤其是人的内在动机和认知功能对人的行为有重要影响。班杜拉指出，人有使用符号的能力，所以他能够思考、进行创造性的活动。

2.3.3　勒温的场论

德裔美国心理学家勒温（Lewin，1890—1947）提出的场论（Field Theory）是帮助我们理解个体行为的重要理论基础。勒温认为，为了更好地理解和预测行为，应该把人们及其所处的环境看成一组相互依赖的因素。勒温借用物理学中"磁场"的概念,把人的过去、现在形成的内在需求看成是内在的心理力场,把外界环境因素看成是人的外在心理力场。勒温所描述的心理力场具有以下特征:①场是融行为主体与环境为一体的整体;②场是一个动力的整体,具有整体自身独有的特征;③场的整体性在于场内并存事实相互依存和相互作用的关系。勒温指出,人的心理、行为决定于内在的心理力场和外在的心理力场相互作用影响的结果。当人的需要未得到满足时,会产生内部场的张力,而周围环境因素起着导火线的作用,因此,他提出了著名的行为公式:

$$B = f(P, E)$$

其中 B 是行为,P 是个人特征,E 是环境,f 是函数,这个公式表明人的行为就是个性特征与环境相互作用的函数关系或结果。该观点认为无论是个体还是环境都不能单独解释行为的变异,个体与环境的交互作用最大程度地解释了这种变异。

2.3.4 社会交换理论

社会交换理论(Social Exchange Theory)最早是由美国社会学家霍曼斯(Homans)在其著作《作为交换的社会行为》(1958)和《社会行为:它的基本形式》(1961)等著作中提出,它强调对人和人的心理动机的研究,批判那种只从宏观的社会制度和社会结构或抽象的社会角色上去研究社会的做法,主要着眼于人们在社会生活中的相互交往关系。

社会交换不同于经济交换,它们之间存在着明显的差异。第一,社会交换中双方的义务和行为没有明确的约束和规定,交换关系建立在双方信任的基础之上。而经济交换则具有合约的性质,交换双方的责任和义务是具体的、明确的,交换常在短时间内完成,双方不必依赖"信任"。例如组织付给员工的物质报酬就是员工与组织之间的经济交换。其次,社会交换中对于交换双方在未来的义务关系没有明确订立,而经济交换则通过订立正式的合约对所期望的行为进行激励。

古尔德纳(1960)指出,社会交换的核心是"互惠原则"。互惠关系的产生是由于社会规范(Social Norm)的作用。根据社会规范的要求,人们应该帮助那些曾经帮助过自己的人,而不应该亏待他们。在社会交换中的双方,会对所获得的报酬与所付出的代价进行比较,如果双方获得的报酬均大于付出的代价,则交换关系将持续下去;如果其中一方获得的报酬小于所付出的代价,彼此之间的交换关系将出现问题。

根据社会交换理论,员工与组织之间的相互关系也是一种互惠互利的关系。这种交换关系不仅仅局限于正式契约中明确而具体的规定(例如员工为组织工作,组织为员工支付报酬),还包括一些更为含蓄的和精神方面的交换(例如相互之间的信任、承诺、关心、体谅、长久的联系等等)。双方都能从交换关系中得到一定的收益,但也需要有一定的付出。这种关系虽然不像经济交换那样明确而具体,但人们在内心中会以价值观和社会规范为基础进行相应的对比。当相互的责任对等时,或者回报与付出等值时,可以维持一种长久、积极、稳定的关系,如果一方觉得自己的付出没有得到应有的回报,就会对相互关系造成消极的影响。

2.3.5　人—组织匹配对员工创新行为的影响机理

社会学习理论认为环境、人的认知、行为三者之间构成了动态的交互作用系统,这意味着人的行为不仅受到客观工作环境的影响,也受到自我认知等心理评价的影响。有关研究显示,当个体知觉到自己与组织之间存在良好的匹配关系时,心理上会受到积极的影响,进而产生有利于组织的行为,如愿意接受组织安排、积极给组织提出合理化建议等。如果个体知觉到与组织之间不匹配时,心理上会产生不安全感,对组织行为会有消极影响。

经过 30 多年的改革,我国已经初步建立了市场经济体制,员工与组织之间可以有互相选择的权利。大部分在企业工作的员工,物质生活已经基本满足,因而对于工作给其带来成就感与满足感的意愿和追求高层次价值观的意愿更加强烈。员工和组织之间本质上是一种交换关系,契约关系,二者之间可以互相选择。因此,人们经常选择那些可以提供良好环境,使自己的能力和技术得到最好利用的公司工作(Kristof,1996)。

人－组织匹配理论认为,为更好地满足组织和个人的需要,应强调个体与组织之间的整体匹配。最理想的情况是,员工不但与组织价值观保持一致,而且在工作上与组织之间也能相互满足。人－组织匹配对于员工创新行为的影响并不是自发的,它需要一个心理过程。根据互惠原则,员工往往倾向于回报给予了自己利益和机会的组织(Eisenberger 等,2001)。因此,当员工感受到与组织目标一致时,或者感受到组织提供了帮助时,便会激发出员工关心组织并以努力工作来回报组织,以表达对组织的感激之情,回报的方式可能是做出符合组织目标的行为,如组织公民行为、创新行为等,从而提高工作绩效。

Janssen(2000)论述了工作要求与员工创新行为之间的关系。如果工作任务量大,期限又比较短,就会给个体带来心理压力。高的工作要求需要提升员工的工作状态。根据人与环境匹配的理论,员工要么适应任务要求,要么改变工作环境。适应任务要求意味着提高个人的技能和能力以与繁重的工作要求相匹配,或者通过修改任务特性、工作方法、任务配置和协调、人际沟通等来改变工作环境。Bunce 和 West(1994)的实证研究表明,员工将创新活动看作是处理繁重工作任务的有效途径[84]。因此,员工的要求－能力匹配能促进员工的创新行为。

许多研究都表明内在动机在员工创新性中具有重要作用(Amabile,1983;Shin and Zhou,2003),组织环境、领导行为等因素都会通过内在动机作用于员工的创新性,因此内在动机是介于影响因素与创新性之间的桥梁(王先辉等,2010)。从这个角度来讲,人－组织匹配也可以看作是一种影响因素,也可能通过内在动机的中介作用影响员工创新性。

2.4 心理授权的相关研究

2.4.1 授权的理论模型

随着经济的发展和企业间竞争的加剧,动态的商业环境构成了企业的主要外部环境特征。为获得低成本、高绩效的竞争优势,企业必须发挥员工的自主性和创新精神才能立于不败之地。授权(Empowerment)作为一种新型的管理方式越来越受到企业管理者的重视,因为授权克服了传统层级结构的消极心理影响,使员工参与决策,工作更满意、工作效率更高、更富有挑战精神和更富于合作精神。

关于授权的理论研究,学术界主要有两种取向(凌俐、陆昌勤,2007):宏观取向和微观取向。宏观取向的研究者提出了结构授权模型,微观取向的研究者提出了心理授权模型。

1. 宏观取向——结构授权模型

20 世纪 90 年代以前,学者们是从宏观角度出发来研究组织中的授权现象,将授权看成是企业为分享系统权力而采取的一系列管理措施,关注组织结构和组织政策,这种取向也被成为结构授权(Structural Empowerment)或者自上而下的授权。因此,授权意味着权力的分享或转移,或是一方对另一方控制的减弱,包括决策权的下放、与下属分享更多的信息和资源等,强调通过自上而下的组织指挥链来增加员工的责任(王国猛、郑全全,2008)。结构授权所公认的模型之一是 Bowen 和 Lawler(1995)的授权模型。该模型表明,员工授权是组织自上而下分配权力、信息、知识和奖酬的组织功能。员工分享权力、信息、知识和奖酬越广泛,员工授权水平就越高。然而,结构授权研究范式不能说明员工体验到的授权属性。在某些情形下,权力、信息、知识和奖酬已经与员工分享,但员工仍然感到无权感。这些问题导致了心理授权研究范式的出现。

2. 微观取向——心理授权模型

随着授权理论的发展,一些学者认为研究者不应只局限于管理者如何授予员工权力,更要关注员工对授权措施的心理体验。如Conger 和 Kanungo(1988)认为传统的授权实践仅关注组织高层如何将权力下放给基层的措施,而忽视被授权者的心理体验。但是,授权措施能否真正发挥作用,在很大程度上取决于被授权者的心理感受,只有当下属感觉到自己"被授权",才可能产生态度及行为上的改变。因此,20 世纪 90 年代以后,学术界开始从微观(心理)角度出发来研究组织中的授权现象,认为组织的授权措施未必能直接导致组织期望的员工行为,因而需要关注个人内在的心理状况和对工作及自己在组织中的角色认知,将授权视为一种内在激励。心理授权作为内在动机的一种形式,弥补和扩展了内在动机理论(刘云、石金涛,2010)。

Deci(1975)提出的认知评价理论以及 Hackman 等(1978)提出的工作特征模型是被学者普遍接受的动机理论。认知评价理论(Deci,1975)认为,只有任务本身给个体带来了自我决定感和胜任感,个体才会受到激励。也就是说,任务的激励效果是由这些任务本身赋予人的心理意义所决定的,而不是由任务活动的客观性质所决定的。工作特征模型(Hackman 等,1978)认为,如果工作特征能给个体带来意义感和影响力,那么就能增加个体的内在动机。

心理授权理论把认知评价理论中所强调的激励因素(自我决定和能力)和工作特征理论中所强调的激励因素(意义和影响力)整合

到一起,丰富了内在动机理论。但人们还需要注意的是,个体在不同的工作环境下所形成的心理授权水平是截然不同的。因为心理授权是在特定工作环境下所形成的一系列心理认知,并不是恒定不变的个性特点。

事实上,上述两种研究取向是相互联系的,而不是截然对立的。结构授权关注的是员工工作环境中的授权条件是否存在,心理授权关注的是员工是否在心理上感知到这些授权条件。因此,结构授权是心理授权的基础。

2.4.2　心理授权的内涵及结构

学者们对于心理授权构念的研究主要有三种观点:单维观、四维观和三维观,如表 2.6 所示。

表 2.6　心理授权的结构

构念结构	维度	主要研究者
单维观	自我效能	Conger 和 Kanungo(1988)
四维观	工作意义 自我效能 自我决定 工作影响	Thomas 和 Velthouse(1990) Spreitzer(1995) 李超平(2006)
三维观	控制感 胜任感 目标内化	Menon(2001)

资料来源:根据文献资料整理

1. 单维观

研究者最初把心理授权定义成一维结构，即"自我效能"（Self-Efficacy），认为授权是组织通过一系列措施来增强员工的自我效能感的过程，是属于内在激励的构念（Conger and Kanungo,1988），任何增强自我效能感的管理策略都会使员工感到更有能力控制所面临的事情。授权在本质上是通过改变个体的内在信念，而导致个体行为的改变。

2. 四维观

Thomas 和 Velthouse(1990) 认为心理授权并不仅是 Conger 等(1988)提出的单一维度，而是个多维的概念，它反映了个体对于工作角色的四种认知：工作意义（Meaning）、自我效能（Self-efficacy）、自我决定（Self-determination）和工作影响（Impact）。

工作意义指的是个体根据自己的价值观以及标准，对工作目标的价值进行的判断。工作意义包含了工作需求与个体价值观和行为的一种匹配（Brief and Nord,1990）。自我效能指的是个体对自己能成功地完成某种工作的信念。自我决定反映了个体在工作过程中的自主性，是个体有权决定何时开始行动以及调整行动方案的一种感知。比如采用何种工作方法和途径、付出多少努力等。工作影响指的是个体能够在工作中影响组织战略、行政管理和经营绩效的程度。

Thomas 等(1990)根据内在激励的观点，发展出了授权的认知模型，认为心理授权是通过个体对工作环境进行主观评价而影响工作行为的。

3. 三维观

Menon(2001)认为不同的研究取向并不是相互排斥的，他通过结合不同的研究取向，提出了一种考察授权的综合性心理方法（Integrative Psychological Approach），指出心理授权包含三个维

48

度:目标内化(Goal Internalisation)、控制感(Perceived Control)和
胜任感(Perceived Competence)。目标内化是心理授权中最重要的
因素,指领导者通过一定的领导行为,使员工的信念和态度与组织的
使命和目标保持一致。控制感是授权体验中最基本的心理状态,被
授权的员工会感到自信、有能力控制环境(House,1988)。组织中采
取的一系列管理措施如分权、增加员工参与、为员工提供信息与资源
等都会提高员工的控制感(Kanter,1983)。控制感的概念相当于
Thomas 和 Velthouse(1990)提出的心理授权构念的两个维度:工作
影响和自我决定。胜任感指的是人们会参与到那些自己有能力处理
的活动,这个概念与 Conger 和 Kanungo(1988)以及 Thomas 和
Velthouse(1990)提出的自我效能的概念类似。

国内学者李超平(2006)在中国情境中对心理授权的结构进行了
验证,发现心理授权是个四维度的构念。本研究认同 Spreitzer
(1995)和李超平(2006)等人的研究,认为心理授权包括工作意义、自
我效能、自我决定和工作影响四个方面的认知。

2.4.3 心理授权的理论基础

心理授权的理论基础源自社会心理学的自我决定理论和自我效
能理论。

1. 自我决定理论

自我决定理论(Self-determination Theory)是 Deci 和 Ryan
(1985)提出的一种动机认知理论,这一理论重点分析了行为的自我
激励与自我决定力量。人类行为的原因与激励力量既有来自活动任
务本身的,也有来自活动任务本身之外的,动机心理学家据此把动机
分成内部动机(Intrinsic Motivation)和外部动机(Extrinsic Motiva-
tion)两类。来自活动任务本身的称为内部动机,来自活动任务本身
之外的称为外部动机。Deci 和 Ryan(1985)指出,内部动机是指从事

某种活动是因为内在的兴趣与乐趣,它在没有外在奖赏和压力的情况下,可以激发和激励个体的行为。活动任务本身能使个体得到情绪上的满足,从而产生成功感。内部动机包括三个主要的因素:个体的好奇心、对活动任务的乐趣和任务的挑战性。外部动机是指行为的原因和激励力量来自活动之外,即活动结果能够带来外在的奖赏和报偿。个体的活动既可以由内部动机激发,也可以由外部动机激发。内部动机对于个体在所从事的领域中能表现出创造性起着至关重要的作用。Amabile(1983)说:"内部动机是创造力的社会心理学基础,当人们被工作本身的满意和挑战所激发而不是被外在压力所激发时,才能表现得最有创造力"。

自我决定是指个体从事某一活动完全出于自我愿望感、自主选择感和个人认可感,体验到行动的自主性和选择性。自我决定理论认为个体行为有自我决定行为和非自我决定行为两个方面。自我决定行为有以下四个特点:①行为的自主性,即人们依据自己喜好、兴趣和能力自主选择自己的行动,而不是出于压力、强迫或服从他人的要求而做出的行为。②行为的自我调节性,即人们的行为是自我发起和自我管理的,行为什么时候发起、什么时候终止、达成怎样的行为结果、行动的进程都是自我调节的。③心理授权,即个体要具有自我决定的能力与信念,信任自己能够决定行为的进程与结果。④自我实现,通过自己的努力和坚持,实现个人的价值目标。

基于动机理论,自我决定理论对于个体的行为动机进行了区分,将其分为无动机行为、内部动机行为和外部动机行为三种。无动机行为是非自我决定的行为,内部动机行为是固有的自我决定行为,而外部动机行为的自我决定性受到环境的支持、外部标准的内化程度和基本的心理需要满足等不同因素的影响。

自我动机理论区分了促进内部动机的社会环境,分别涉及三种不同的心理需要:胜任(发展并训练技能以操控环境)、自主(自己决定做什么、怎么做)与关系(通过社会关系而为他人接纳)。换言之,在某种社会情景中,如果人们感到与他人相互关联,能有效地工作且有个人自立感,其动机将能最容易地被激发。

如果是内部动机引发的活动,人们会感到有兴趣、乐趣和挑战性。但在实际生活中,个体所从事的许多活动都不具有这样的特性,这些活动的完成就需要外部动机。这些行为的最初发起和维持依赖于对行为与期望结果之间关联的知觉,如社会赞许和外部报偿。外部动机行为的最基本形式是非自我决定行为,但随着外在报偿标准的内化,外部动机行为的高级调节形式则具有了很高的自主性和自我决定性。自我决定是外部环境因素与内部心理资源相互作用的结果。如果环境因素提供了更多的自主性支持,就会促进行为的自我决定性;相反,环境因素如果提供了更多的控制性和压力,就会减弱行为的自我决定性。

自我决定理论认为社会环境因素与个体的特质因素共同作用,通过满足个体自主、胜任与关系三大心理需要,促进内部动机,并促进外部动机的内化,结果促进个体的工作行为和心理健康,影响路径过程见图 2.7。

图 2.7　自我决定理论的因果模型

2. 自我效能理论

自我效能(Self-efficacy)概念是班杜拉于 1977 年首次提出的,是其社会认知理论中的一个核心概念,是指人们对自身完成既定的行为目标所需行动过程的组织和执行能力的判断,即个体对自己能力的一种主观判断而非能力本身(吴帆,2007)。班杜拉的社会学习理论认为,个体、环境与行为的关系是交互的,人的行为既受到社会环境和个体认知因素的影响,又反过来影响社会环境和个体认知,自我效能理论主要关注的是三元交互决定论中个体的认知因素,在这些影响机制中,处于中心地位的就是自我效能感。班杜拉指出,个体自我效能感是一个与个体能力有关的概念,是指个体对自己能否完成某项任务或活动的能力的信心,它建立在个体对自身能力的认知、判断和评价的基础上,是一个在个体心理机能和潜能发挥中的关键因素(郭本禹,2003)。人的能力并不是一种固定的行动或仅知道做什么,而是将认知与技能组合成统一的行动,并具有对不断变化的环境协调适应的本领。改变行动的始发与调节是由个人对自己能力的判断决定的,这种对自我能力的判断即是自我效能,是"一个人对自己能够怎样有效地组织和施行行动过程以及对许多模糊不清、不可预测并经常令人紧张的成分的未来情境的判断"。

1981年8月,美国心理学会授予班杜拉杰出科学贡献奖。在颁奖大会上,班杜拉发表了著名的演说——《人类行为的自我效能机制》,认为这种机制在人类动机中占有核心位置,有宽广的解释效力。他指出,"效能的自我感知影响思维模式、行动和情绪激活……它有助于说明各种迥然不同的现象,例如由不同影响方式产生的应付行为……成就的努力……以及职业追求"。研究指出,自我效能感影响人们在工作中的创造性和生产率,它不仅直接影响个体生产率,而且通过影响目标设立等因素,间接地影响个体生产率。

自我效能概念的提出,为我们科学认识和阐释个体行为提供了理论支持。现实中,我们经常会遇到这样的情况,一些人虽然具备获得某种绩效的知识和技能,但在行为表现上却并不理想。究其原因,是由于人们的知识和技能与预期行为绩效之间还存在着一些中介变量影响着他们知识与技能的运用,进而决定其外在的行为表现。在这些中介变量中,人们如何判断其能力,以及这种判断如何影响其动机和行为是最关键的因素,这就是班杜拉所界定的自我效能,如图2.8所示。

图 2.8　自我效能理论框架下的个体行为规律

班杜拉认为,人们在实现某种行为时所具有的知识和技能只是必要条件,并不是充分条件。以往的研究忽略了这些知识与行为之间相互作用的过程,而仅仅关注人们的知识获取或行为的反应。班杜拉认为,人们对其能力的判断在自我调节系统中起主要作用。自我效能感通过四种中介机制对人类机能发挥着作用,分别是个体的动机过程、认知过程、选择过程和情感过程。

①动机过程。归因理论、期望理论和目标理论是心理学中的三大动机理论。不同的动机理论提出了不同的认知性动机因素,归因理论提出了因果归因、期望理论提出了结果预期、目标理论提出了认知性目标。在所有这些不同形式的认知性动机中,自我效能机制都发挥着作用。自我效能影响行为的因果归因,如果个体的自我效能感高,则会倾向于把成功归因于自己的能力,把失败归因于不利的情境因素或个体的努力不足。自我效能也影响结果预期,如果个体认为自己能够很好地完成某项任务,并且能获得有价值的结果,就有完成该项任务的动机;如果对自己的能力有所怀疑,认为不可能成功,即使该活动能产生有价值的结果,那么也不会从事该活动。

②认知过程。自我效能感通过影响个体的思维模式,从而影响个体的行为。认知过程对个体的影响有四种表现形式。首先,影响个体目标的设立。自我效能感越高的人,为自己设立的目标越高,对目标的承诺越强。其次,影响个体的认知建构。个体所建构的情境和预期的场景会受到人们自我效能感的影响。自我效能感高的人,会把不确定的情境看成是一种机会,他们想象成功的场景,为个体行为提供了积极的心理暗示。自我效能感低的人,则把不确定的情境解释为危险的,想象失败的场景,因而削弱自我动机,阻碍行为的实

现。再次,影响个体的推理性思维。思维在人们预测行动结果时起到了重要作用。不同行动方案可能带来不同的结果,自我效能的强弱影响个体对不确定情境的分析和判断。最后,影响个体产生和使用解决问题的策略。在一群自我效能感不同而能力基本相似的人当中,高自我效能感的人能更快地放弃错误的认知策略,在解决问题过程中,效率更高、效果更好。

③选择过程。根据三元交互作用理论,人与环境之间是相互影响的。人既是环境的创造者,也是环境的产物。个体在发展过程中对于活动和环境的选择是受到效能感影响的,人们倾向于选择那些有能力应对的活动和情境,避开那些超越了他们能力的活动和环境。自我效能感越高,选择的活动和环境的挑战性就越高。

④情感过程。自我效能机制在情感状态的自我调节中起着十分重要的作用。自我效能信念主要通过三种定向模式来影响情绪体验:行动定向模式、思维定向模式和情感定向模式。在行动定向模式中,效能感通过维持转化环境的行动来调节情绪状态。思维定向模式有两种方式,一是效能信念激发注意倾向,这会影响到人们是以温和的情绪还是扰乱的情绪对生活事件进行认知和解释。二是当人们陷入混乱思维时,控制扰乱思维的能力。情感定向模式包括令人厌恶的情绪状态一旦被唤起就加以改善的效能感。

2.4.4 心理授权前因变量研究

通过对相关文献进行总结,发现心理授权的前因变量主要可以归结为三类因素,包括个体特征、领导行为和工作环境,具体的研究结论如表 2.7 所示。

表 2.7　心理授权的前因变量

前因变量	主要研究者及年代	结论
个体特征	Spreitzer(1996)	教育程度影响心理授权
	Koberg 等(1999)	任期与心理授权显著正相关
	Hochw lder 和 Brucefors (2005)	年龄与心理授权中的能力、自主决策及影响力都呈显著正相关
	雷巧玲、赵更申(2009)	性别、婚姻、年龄、学历对心理授权都有显著影响
	刘云、石金涛(2010)	教育程度、年龄、任职年限、职务级别等与心理授权显著相关
领导行为	Menon(2001)	领导者的集权化对下属的心理授权产生不利影响
	Avolio(2004)	变革型领导行为提高心理授权
	Conger,Kanungo 和 Menon (2000)；Hepworth 和 Towler(2004)	心理授权受到魅力型领导的影响
	Aryee(2006)	心理授权受到高质量的领导—成员交换的影响
	李超平(2006)	变革型领导中的德行垂范维度影响心理授权
工作环境	Thomas 和 Velthouse(1990)	授权受工作环境影响
	Spreitzer(1996)	心理授权受工作单位的社会结构特性影响
	Seibert(2004)	良好的授权气氛有助于提升个体的心理授权水平

资料来源:根据相关文献整理

1. 个体特征

以往的文献表明,影响心理授权的主要个体因素包括年龄、性别、学历、任期等,但研究结果并不一致。Spreitzer(1996)指出,受过良好教育的员工会感到更高的胜任感,自尊与心理授权显著正相关。Koberg(1999)的研究发现任期对心理授权有显著正向影响,而教育程度、种族、性别等与心理授权之间的关系并不显著。Hochw lder 和 Brucefors(2005)通过研究证实,年龄与心理授权中的能力、自主决策及影响力都呈显著正相关。

雷巧玲和赵更申(2009)以高科技企业的 351 位知识型员工为样本,研究了知识型员工个体特征对其心理授权的影响。结果表明,性别、婚姻、年龄、学历对心理授权都有显著影响。刘云和石金涛(2010)的研究结论表明,教育程度、年龄、任职年限、职务级别等人口学变量与心理授权显著相关。

2. 领导行为

大量的研究显示领导行为对下属的心理授权产生影响,变革型领导、魅力型领导、领导支持、领导-成员交换能显著提高下属的心理授权水平(Conger,Kanungo and Menon,2000;Avolio 等,2004;Aryee,2006;李超平,2006)。如 Avolio 等(2004)发现心理授权受到变革型领导的影响,李超平(2006)等的研究表明心理授权受到变革型领导中的德行垂范维度的影响。Hepworth 和 Towler(2004)的研究发现,心理授权受到魅力型领导的影响。Aryee(2006)的研究表明,心理授权受到高质量的领导-成员交换的影响。领导者的集权化则会对下属的心理授权产生不利影响(Menon,2001)。

3. 工作环境

研究发现,组织气氛、组织结构、组织文化等都被看做心理授权的前提条件。Thomas 和 Velthouse(1990)认为,授权不是个体特

性,而是通过工作环境所形成的认知。Spreitzer(1996)研究了工作
单位的社会结构特性与授权感之间的关系,发现工作单位中低的角
色模糊性、强有力的社会政治支持、容易获得信息、参与性的气氛和
上司较宽的控制幅度与心理授权感正相关。Seibert(2004)的研究
表明,单位里良好的授权气氛(Empowerment Climate)有助于提升
个体的心理授权水平,授权气氛指的是员工对于与授权相关的政策、
实践以及管理结构(Managerial Structures)等的共同知觉。

2.4.5　心理授权结果变量研究

在研究心理授权对其他变量影响的文献中,心理授权有时是作为
自变量出现的,有时是作为中介变量出现的,其结果变量通常包括组
织承诺、工作满意度、员工创新行为、离职意向等,具体如表 2.8 所示。

表 2.8　心理授权的结果变量

结果变量	国内外主要研究者及年代	研究结论
创新行为	Spreitzer(1995) 刘耀中(2008)	心理授权对创新行为有显著的正向影响
	Spreitzer(1995)	心理授权在社会环境因素和创新行为之间起到中介作用
	Janssen(2005)	心理授权中的影响维度对创新行为有显著的正向影响,主管支持对二者之间的关系具有调节作用
	刘云和石金涛(2010)	心理授权在在组织支持、同事支持与员工创新行为之间的关系中起部分中介作用;在主管支持与员工创新行为之间的关系中起完全中介作用

结果变量	国内外主要研究者及年代	研究结论
组织公民行为	王国猛和郑全全（2007）	心理授权是组织支持感与组织公民行为之间的中介变量
	吴敏（2009）	心理授权在变革型领导与员工组织公民行为之间具有部分中介作用
组织承诺	Avolio（2004）	心理授权在变革型领导与员工组织承诺之间具有中介作用
	李超平等（2006）	工作意义、自主性、自我效能对组织承诺有正向的影响；愿景激励通过工作意义、自我效能影响组织承诺；德行垂范通过工作意义影响组织承诺
	吴志平等（2010）	心理授权在工作再设计与组织承诺之间起中介作用
进谏行为	佟丽君和吕娜（2009）	自主性、自我效能、工作影响在程序公正对员工进谏行为的影响中起到部分中介作用
工作投入	魏蕾和时勘（2010）	心理授权在仁慈领导和工作投入之间起着部分中介作用
工作倦怠	李超平等（2006）	工作意义对工作倦怠有负向的影响

结果变量	国内外主要 研究者及年代	研究结论
工作 满意度	Liden,Wayne 和 Sparrowe(2000)	在工作特征与工作满意度之间的关系中,工作 意义和自我效能起到中介作用
	Seibert(2004)	在授权气氛与个体绩效、工作满意度之间的关 系中,心理授权具有中介作用
	Carless(2004)	在心理气氛与工作满意感之间的关系中,心理 授权起到中介作用
	Aryee(2006)	在领导－成员交换与工作满意度之间,心理授 权起到中介作用
	李超平等(2006)	工作意义、自主性对员工满意度有正向的 影响; 愿景激励与德行垂范通过工作意义影响员工 满意度
离职意向	李超平等(2006)	工作意义对离职意向有负向的影响
心理退缩 行为	Aryee(2006)	心理授权在领导－成员交换与心理退缩行为 之间起到中介作用

资料来源:根据相关文献整理

1. 心理授权作为自变量

大量实证研究结果表明,个体的心理授权对其工作态度、行为和绩效都有一定的影响。

Spreitzer(1995)发现心理授权对创新行为、领导者有效性有显著的影响。

Janssen(2005)通过研究证实,心理授权中的影响维度对员工创新行为具有显著的正向影响,同时主管支持在影响维度与员工创新行为之间的关系中具有显著调节作用,主管支持程度越高,影响维度对员工创新行为的影响越强。

国内学者李超平(2006)的研究结果表明,心理授权中的工作意义、自主性和自我效能均对员工的组织承诺有显著的正向影响,工作意义和自主性对工作满意度有显著的正向影响,工作意义对离职意向与工作倦怠有显著的负向影响。

2. 心理授权作为中介变量

心理授权经常被学者们当作影响员工工作态度和行为的中介变量,并得出了很多有价值的研究结论。Liden,Wayne 和 Sparrowe(2000)的研究结果表明,心理授权中的工作意义维度和自我效能维度在工作特征与工作满意度之间起到了中介作用。

Seibert(2004)将心理授权作为授权气氛和个体绩效与工作满意度之间的中介变量,并进行了实证检验,结果表明,心理授权起到了中介作用。Carless(2004)也检验了心理授权在心理气氛与工作满意感之间的中介效应,结果表明员工对工作环境的的感知(例如个人-组织目标的匹配、人际关系、领导支持、职业发展机会等)会通过心理授权的中介作用影响员工的工作满意感。

Avolio 等(2004)经过研究发现,心理授权在变革型领导与员工组织承诺之间具有中介作用。李超平等(2006)研究了变革型领导与员工满意度、组织承诺之间的关系,发现心理授权在变革型领导与员工工作态度之间的关系中具有中介作用,愿景激励通过工作意义、自我效能影响组织承诺,愿景激励、德行垂范通过工作意义影响员工满意度。吴志平等(2010)通过实证研究得出,在变革环境下,心理授权在工作再设计与组织承诺之间起中介作用。

王国猛和郑全全(2007)通过实证研究发现,组织支持感能有效地预测组织公民行为,心理授权是组织支持感与组织公民行为之间关系的中介变量。吴敏(2009)首次在中国文化背景下验证了心理授权在变革型领导与员工组织公民行为和工作绩效关系中的部分中介作用。同时,研究者也发现心理授权对组织气候与科技人员工作态度的关系具有一定的中介作用(王国猛、郑全全,2007;陈迪,2008)。

在研究个体创新性的文献中,内在动机或者心理授权常常被认为是外部环境与个体创新性之间的中介变量(Amabile,1988)。Amabile(1997)对于外部环境与创新性之间的关系进行了论述,她认为外部环境是促进还是阻碍个体的创新性,主要影响机制是个体的内在动机,动机在外部环境与创新性行为的关系中起到了中介作用。

Spreitzer(1995)进行了一项实证研究,结果发现在社会环境因素对创新行为的影响中,心理授权起到了中介作用,研究中所提及的社会环境因素包括关于组织使命和绩效的信息以及报酬系统。刘云和石金涛(2010)的研究结论表明,心理授权在主管支持与创新行为间起完全中介作用,在组织支持与创新行为间起部分中介作用,在同事支持与创新行为间起部分中介作用。

佟丽君和吕娜(2009)以 325 名企业员工为研究对象,对组织公正、心理授权和员工进谏行为之间的关系进行了研究,研究结果表明:心理授权的自主性、自我效能和工作影响三个维度在程序公正与员工进谏行为的关系中起到部分中介作用。

魏蕾和时勘(2010)探索了在中国文化背景下,心理授权在家长式领导与员工工作投入之间的中介作用,结果发现,心理授权在仁慈领导和工作投入之间起着部分中介作用。

2.4.6　心理授权的测量

Thomas 和 Velthouse(1990)只是提出了心理授权构念应具有四个维度,并没有开发相应的量表。为了深入地探讨心理授权与各相关变量之间的关系,学者们开发了不同的心理授权量表。其中最有代表性的是 Spreitzer(1995)开发的心理授权量表。Spreitzer(1995)以 Thomas 和 Velthouse(1990)提出的授权概念为基础,开发出了有四个维度 12 个题项的量表,并对该量表的信度和效度进行了检验,结果表明,心理授权量表各维度的内部一致性信度在 0.79~0.85 之间,验证性因素分析的各项指标也比较理想。在后续学者的研究中,该量表得到了普遍认同和广泛应用。

Menon(2001)也根据他对心理授权的定义,编制了心理授权量表,该量表包含三个维度 9 个项目。通过实证检验的结果表明:各维度的内部一致性信度在 0.80~0.88 之间,验证性因素分析也验证了该量表的三因素结构。

国内学者李超平等(2006)在 Spreitzer(1995)的授权量表基础上,通过专家翻译、企业员工填写问卷、员工访谈、修改问卷、专家回译等过程,形成了心理授权的中文版量表,并利用探索性因素分析考察了心理授权量表的因素结构,同时利用验证性因素分析比较了单因素模型和四因素模型,从结果来看,四因素模型得到了数据的支持。心理授权量表的四个维度内部一致性信度分别为 0.82、0.72、0.83、0.86,表明量表具有良好的信度,同时授权量表的效度在中国文化背景下也得到了验证。因此,本研究实证部分将采用李超平(2006)修订的心理授权量表。

通过以上文献回顾,我们得出了以下结论:

(1)从心理授权的概念提出至今,有关心理授权的研究取得了很大的进展。大量的理论文献和实证研究表明,心理授权不仅有利于提高员工的组织承诺(Avolio,2004;李超平等,2006;吴志平等,2010)和工作满意度(Liden,Wayne and Sparrowe,2000;Seibert,2004;Carless,2004),而且有利于提高员工的创新行为(Spreitzer,1995;Janssen,2005;刘耀中,2008;刘云、石金涛,2010)和组织公民行为(王国猛、郑全全,2007;吴敏,2009)。而且,心理授权对离职意向和工作倦怠(李超平等,2006)等也有很好的预测力。

(2)从管理实践的角度来讲,组织授权的目的是为了使员工工作具有主动性和积极性,但如果没有激起员工的内在工作动机,再多的授权措施也是没有意义的。因此,只有从下属的内心体验出发,才能使授权活动发挥真正的效果。

（3）心理授权经常是作为中介变量出现的，它在解释员工态度和行为方面具有良好的预测力，但是目前还没有学者从实证的角度探讨人－组织匹配是否是通过心理授权的中介作用来影响员工创新行为的研究。

2.5 主管支持与同事支持的相关研究

人们都是生活在社会群体中，离不开他人的帮助和支持。作为企业的员工，大部分是固定工作时间，因此呆在企业的时间通常比呆在家里的时间长，与单位同志的关系以及同志的支持对员工工作的影响会比较大。通过对中国企业员工的实证研究，宝贡敏、刘枭（2011）发现员工在组织内感知到的支持分为三个来源：组织制度、主管支持和同事支持。本研究认为主管支持和同事支持对员工的影响更为直接，因此主要关注这两种支持。

2.5.1 与人际支持相关的理论

1. 人际关系理论

人际关系理论的创始人是美国管理学家梅奥，在 1924 年到 1932 年的 8 年时间内，他在美国西方电器公司的霍桑工厂中进行了一系列的实验，称为霍桑实验。人际关系学说的主要内容就是在霍桑实验结果的基础上总结归纳而形成的。

（1）员工是"社会人"

泰罗的科学管理是建立在"经济人"假设基础上的，他认为，企业主作为"经济人"追求最大利润，工人作为"经济人"则追求最大工资收入，他们追求的都是经济上的目标。然而，霍桑实验则证明工人是

"社会人",而不是"经济人"。人作为复杂社会系统中的成员,他们不是单纯追求金钱收入,还有社会方面、心理方面的需求。"社会人"假说包括以下重点内容:①人是生活在社会中的,他们不仅通过社会、生理和心理的需求而引起工作动机,并且通过这些需求的满足而受到激励;②工业化使人对工作本身失去了乐趣,因此,只能从人与人之间的相互关系中去寻求满足;③工人对同事给予的社会影响力要比对管理者所给予的经济诱因及控制更加重视;④工人的劳动效率随着他们对社会、生理和心理需求的满足程度而改变,即生产效率的高低主要决定于工人的精神状况而不是工作方法和工作条件。

(2)企业中存在着"非正式组织"

古典管理理论仅注意正式组织的问题,诸如组织结构、职权划分、规章制度等。然而,梅奥等认为,人是社会的动物,人们在企业内部共同生产和劳动的过程中,相互之间必然会发生一定的联系,这种联系会加深人们之间的相互了解,从而能形成某种共识,建立起一定程度的感情,逐渐发展成为一种相对稳定的非正式集团或团体,即非正式组织。

在正式组织中,以效率逻辑为其行动标准。所谓效率逻辑,是指为了提高效率,企业的各个成员之间保持正式的协作关系。在非正式组织中,以感情逻辑为其行动的标准,这是出于某种感情而采取行动的一种逻辑。非正式组织不仅存在于工人之中,而且存在于上层经营管理人员、技术人员之中。因此,企业的领导者要注意在正式组织的效率逻辑与非正式组织的感情逻辑之间保持平衡,以便使管理人员之间、工人与工人之间以及管理人员与工人之间建立相互信任、协作的关系,创造良好的工作环境并充分发挥每个人的作用,提高劳动效率。

(3)企业应采取新型的领导方法,提高工人的士气

科学管理理论认为,生产效率与作业方法、工作条件之间存在着单纯的因果关系,只要正确地确定工作内容,采取恰当的刺激制度,改善工作条件,就可以提高生产效率。可是,霍桑实验表明,这两者

之间并没有必然的直接联系,生产效率的提高关键在于工人工作态度的改变,即工人士气的提高。罗特利斯伯格在《管理与士气》一书中指出,"一个人是不是全心全意地为一个团体提供他的服务,在很大程度上取决于他对自己的工作、对工作中同伴和领班的感觉"。梅奥等人从人是社会人的观点出发,认为工人"士气"的高低取决于工人的需求得到满足的程度,在这些需求中,金钱与物质方面的需求只占很少的一部分,更多的是安全感、归属感、荣誉感、友情和被人尊重等社会的、心理的需要。同时,工人的需求是因人而异的,其满足程度也有所不同,这主要取决于两方面因素:一是工人的个人情况,包括由于不同的经历、不同的家庭生活和不同的社会生活所形成的不同的态度;二是工作场所情况,包括工人相互之间、工人与领导者之间的人群关系好坏。梅奥认为,职工的满足程度越高,其士气就越高,生产效率也就越高。

2. 社会支持理论

社会支持(Social Support)理论最早出现在 20 世纪 70 年代国外精神病理学研究领域,逐渐受到国外社会学者和其他领域学者的重视,到 20 世纪 90 年代,该理论被引入中国社会学研究领域,并发展成为该领域一个比较完善的重要理论。研究者认为,良好的社会支持有利于人们的身心健康,一方面对个体所受的压力起到缓冲作用,另一方面对维持个体的良好情绪具有重要意义(Cohen and Wills,1985)。从组织的角度来讲,社会支持有利于提高员工的工作满意度和组织承诺,降低离职率和缺勤率(Jeongkoo and Thye,2000)。

Barrera 和 Ainlay(1983)将社会支持分成六类,包括物质帮助、行为援助、亲密的交往行为、指导、反馈和积极的社会交往。Cohen 和 Wills(1985)将社会支持分成四类:尊重的支持、信息支持、社会成员身份和工具性支持。尊重的支持指个体被他人尊重和接纳;信息支持指有利于对问题事件进行说明、理解和支持;社会成员身份指能够与他人共度时光,从事消遣或娱乐活动;工具性支持指提供物质资源和所需服务的帮助等。林南(Lin,1986)认为社会支持是指意识到的和实际由社区、社会网络和亲密伙伴提供的工具性或表达性的资源,分为感知性支持和给予性支持两个方面。感知性支持是指接受支持的个体所认为的对支持、信息和反馈被满足的程度;给予性支持是指实际所提供的社会资源,它独立于个体对所获得资源的认知。社会支持是个体通过与周围的相关人员进行互动,获得支持、反馈,从而增强个体适应问题的能力。

总体来说,社会支持可以分为两类:一是客观的、实际的、可见的支持,如从同事、团体或组织中获得金钱、实物等有形帮助。二是主观的、体验到的或情绪上的支持,如个体在组织中受到尊重、支持、理解所产生的情绪体验和满意感觉,包括人际间亲密的互动,接受指导等。

社会支持有四个方面的观点:①亲密关系观。这一观点认为社会支持体现的是人与人之间的亲密关系,它不仅仅是一种单向的帮助或关怀,而且是人与人之间的一种社会互动关系,是一种社会交换。②社会资源观。该观点认为社会支持是一种资源,是个体与他人之间通过一定的社会关系进行社会资源的互换。③帮助的复合结构观。该观点认为人与人之间的互相帮助能够产生社会支持。④社会支持系统观。该观点认为社会支持包含了系统、复杂的心理活动,涉及到个体的精神、情绪、认知、行为等诸多方面。

社会支持理论认为社会支持对于个体的作用包括主效应和缓冲效应两种。主效应模型认为,只要增加社会支持,不管个体是否处于压力状态下,对个体来讲都具有有益的作用。缓冲效应模型认为,社会支持缓冲了压力事件对个体健康的影响,保护了个体免受压力的破坏作用(施建锋、马剑虹,2003)。

3. 组织支持理论

1986年,美国社会心理学家 Eisenberger 提出了组织支持感

(Perceived Organizational Support, POS)的概念,用以表示员工对组织是否重视其贡献和是否关注其幸福的总体感受。这个概念的提出打破了以往学者在研究员工与组织关系时的出发点,以往学者的研究强调的是员工对组织的忠诚,是一种从下而上的承诺;而组织支持感概念强调的是组织对员工的承诺,是一种自上而下的承诺。员工首先感受到组织如何对待他们,然后这种感受影响到员工心理,最后影响到员工行为。

Rhoades 和 Eisenberger(2002)的元分析结果表明,组织支持感的三个重要影响因素为:工作条件与待遇、上级支持和程序公正。Allen,Shore 和 Griffeth(2003)发现支持性的人力资源政策(参与决策、报酬公平和成长机会)有利于提升组织支持感。

Hochwarter 等(2003)的研究表明组织支持对工作满意度、工作绩效、情感承诺和工作压力有显著影响。陈志霞、廖建桥(2006)对组织支持感的结果变量进行了总结,发现主要包括组织承诺、工作绩效、工作满意度和离职倾向等方面,而且大部分研究都集中在组织支持感会影响员工的组织承诺上。根据互惠原则,高的组织支持感会通过三种机制加强员工的情感承诺(Stinglhamber and Vandenberghe,2003)。首先,组织支持感会使员工产生帮助组织实现目标的义务感,使得员工对组织有更高的情感承诺,并更加努力地工作。其次,组织支持感会通过满足员工的社会情感需要而提升情感承诺,如满足员工的自尊、认可与归属需要,这种情感的满足使得员工对组织有强烈的归属感和认同感。最后,组织支持感会产生积极的情绪体验,由此带来更高的情感承诺。Avolio(2005)的研究发现,人际关系和社会、组织支持感会直接影响个体的积极心理结果,促进个体的心理潜能。

组织支持的理论基础是社会交换理论,该理论认为,人与人之间的本质关系是社会交换关系,交换的内容既可以是物质的也可以是非物质的。当员工感觉到组织对其关心、支持时,会受到鼓舞和激励,往往会给组织更多的积极回报,如好的工作表现。组织支持理论为我们研究员工心理和行为提供了有价值的视角。因为员工是社会人,组织要想员工提高工作绩效,表现出组织期望的行为,就必须给他们更多的关心与支持。

2.5.2 主管支持相关研究

1. 主管支持的概念

1988年,Kottke等人在"组织支持感"概念的基础上,提出了"主管支持感"(Perceived Supervisory Support,PSS)的概念,将其定义为"员工感受到自己的主管珍视自己的贡献和关心自己福利的程度"(Kottke and Sharafinski,1988)。主管支持的概念秉承了组织支持的概念,认为主管和员工之间的承诺也应是相互的,除了员工应对主管忠诚以外,主管也要对员工有所承诺。根据社会交换的观点,当员工知觉到组织或主管支持自己时,便会产生对组织或主管的义务感,帮助组织或主管减少管理上的困难,以回报组织或主管。员工每天与主管的交流活动比较频繁,组织的政策、规章、制度等一般都是通过主管表现出来,因而主管就成了组织的象征,因此,员工感知到的主管支持要比感知到的组织支持更为明显(Maertz等,2007)。

根据领导—成员交换(LMX)理论,主管由于时间和精力有限,在工作中会对不同的下属进行区别对待,并与不同的下属建立起不同类型的关系,一部分人受到领导喜爱,成为"圈内下属"(In-group Member),另一部分人则成为"圈外下属"(Out-group Member)。主管会对"圈内下属"与"圈外下属"采取不同的管理方式,"圈内下属"会从主管那里获得更多的支持与关照,如工作更有自主性、获得更多的资源等,因而会有更强的信任感与工作绩效。

2. 主管支持的研究

主管支持研究的时间相对较短,国内的相关研究也较为缺乏,但是最近两年,国内学者表现出浓厚的研究兴趣。从目前的文献来看,既有关于主管支持前因变量(如 Jeongkoo and Thye,2000)和结果变量(如 Agho,Mueller and Price,1993;Stinglhamber and Vandenberghe,2003)的研究,也有将主管支持作为中介变量(如傅升等,2010;陈学军等,2011)和调节变量(如李锡元、高婧,2011)的研究,但最多的还是对主管支持结果变量的研究。学者们已经验证了主管支持对工作绩效、工作满意度、工作情绪等方面的积极影响。

不论在什么情况下,员工与主管的接触与互动都会引起员工情绪上的反应(Cole,Bruch and Vogel,2006),支持员工的主管能以一种更积极的方式与员工进行互动,提高了员工的积极情绪。主管支持对员工心理有正面影响,如果主管支持较高,即使主管对下属的要求较高,下属也会认为这是领导器重自己的表现,会产生较大的内部动机(苏红玲,2008)。

有学者研究发现,主管支持是组织支持的前因变量(Rhoades and Eisenberger,2002)。这是因为主管作为组织的代理人,负有向下属传递组织价值观和目标的责任,所以员工会把主管对待他们的方式,作为组织支持的体现。

对于中国人来讲,历来非常重视人与人之间的关系。社会心理学的研究发现,关系取向是中国人的重要心理特征(杨国枢,2004)。由于中国企业的管理规范化程度依然较低,因此上级支持对员工的组织支持感和工作绩效都有重要的影响(陈志霞、陈传红,2010)。

傅升等(2010)的实证研究结果表明,组织的互动公平和程序公平会通过主管支持感的中介作用影响组织认同,因此主管支持感体现了员工与领导之间的社会交换关系,会直接影响到员工对企业的主观感受。李锐等(2010)以珠三角地区的企业员工为调查对象,研究了主管支持感对员工建言行为的影响,结果发现,当主管支持下属时,能改善员工对主管以及组织的态度,并提高员工建言行为的积极性。

李锡元和高婧(2011)对中层职业经理人的研究则表明,主管支持感能在工作家庭冲突与工作满意度的关系上起到一定的调节作用。如果主管支持感强,职业经理人的工作家庭冲突对工作满意度的消极作用将减弱;如果主管支持感低,职业经理人的工作家庭冲突对工作满意度的消极作用将增强。

3. 主管支持的测量

目前学者们对于主管支持的构念存在单维与多维之分,测量工具也有多种。用得最多的是将主管支持作为单维构念,并在 Eisenberger 等人的"组织支持感"(Perceived Organizational Support, POS)问卷基础上,取其中的一些项目,将"组织"替换为"主管",加以改编而成的"主管支持感"(Perceived Supervisor Support, PSS)问卷。

如 Kottke 等人使用的"主管支持感"问卷,就是借鉴了 Eisenberger 等人的"组织支持感"问卷,将每个项目中的"组织"替换为"主管",其他措辞不变。因素分析的结果表明,PSS 是单维构念;信度分析的结果表明,PSS 的 Cronbach's α 系数为 0.98(李锐、凌文辁,2008)。周明建(2005)在 Stinglhamber 和 Vandenberghe(2003)主管支持量表的基础上,将其修订成有 6 个项目的中文量表,经过检验,量表具有良好的信度和效度。

也有学者认为主管支持是个多维度的构念,如 Karasek,Triantis 和 Chaudhry(1982)是从三个方面来测量主管支持的,分别是工具性支持、关心性的社会－情感支持、容忍性的社会－情感支持,Cronbach's α 分别是 0.84、0.80 和 0.53。张宁俊等(2011)在借鉴前人研究的基础上,将主管支持分为工作支持、关心利益和个人发展 3个维度。

本研究主要从整体来考察主管支持的作用,并不对主管支持的维度做过细划分,因此实证部分将采用周明建(2005)修订的单维度的主管支持中文量表。

2.5.3　同事支持相关研究

1. 同事支持的概念

同事支持是指在工作背景下,个体从组织中其他同等地位的成员那里获得的关怀和照顾(Settoon and Mossholder,2002)。鞠芳辉等(2008)认为同事支持是指当员工在他的工作中需要共享知识和专长,或需要同事的鼓励和支持时,得到来自同事的帮助。戴春林、李茂平和张松(2011)将同事支持定义为在同一工作单位中,处于同等地位的个体之间相互提供的情感、信息和工具等方面的支持和帮助。

同事支持主要通过两种相关的社会支持理论予以解释(戴春林等,2011):一是依恋理论(Attachment Theory),该理论认为人们通过依恋形成良好的人际关系,从而使人们能够寻求和利用社会支持。个体在少儿时期形成的安全依恋感是成年以后建立社会支持关系的基础。二是缓冲理论(Buffer Theory),该理论认为,通过社会支持和帮助,可以减小压力对个体的伤害,促进个体的身心健康,社会支持是保护个体应对压力的缓冲器。

2. 同事支持的研究

目前国内对于同事支持的研究比较少,而且主要局限于护理和医学等行业中,研究者通常将同事支持作为一种干预机制,以提高个体的心理健康水平、缓解个体的职业压力和工作倦怠。在管理学领域中,对于同事支持所做的实证研究微乎其微,在中国知网上以同事支持作为关键词搜索相关文献,只找到了 22 条记录,涉及企业管理领域的只有两篇文献,也有学者是将同事支持作为组织创新气氛中的一个维度(刘云、石金涛,2009)来进行研究的。

戴春林等(2011)对同事支持的相关研究进行了回顾和总结,发现同事支持会受到个体因素和环境因素的影响,但对于同事支持结果变量的研究还比较缺乏,结论也不统一。有的学者采用主效应模型,如 Beehr 等(2000)的研究显示,同事支持可以显著降低个体的心理压力,与个体绩效也有一定相关。也有的学者采用中介效应模型,如有学者研究发现,同事支持通过员工的内部动机和积极情绪的中介作用影响员工的创造力(苏红玲,2008)。还有学者将同事支持作为调节变量进行研究,如有学者研究了工作不满、持续承诺与同事支持的交互作用对员工创新性的影响,他们通过实证研究发现,当员工对工作不满意,但持续承诺和同事支持都高时,员工更倾向于发挥他们的创新性(Zhou and George,2001;鞠芳辉等,2008)。

Kohli 和 Jaworski(1994)对于销售人员的同事反馈与其工作满意度、工作绩效等因素之间的关系进行了研究,发现积极的同事反馈比消极的同事反馈对个体的影响更大,积极的同事反馈可以提高个体的工作满意度、提升工作绩效。

实际上,组织内良好的同事支持可以提高员工的工作热情和工作积极性,改善工作的心理环境,促进员工工作投入,作为一种优化机制,同事支持可以激发员工的创造性(戴春林等,2011)。同事支持是否也能与其他变量交互作用影响员工的创新行为,有待于学者进一步研究。

3. 同事支持的测量

Podsakoff,Ahearne 和 MacKenzie(1997)通过主成分分析法将组织公民行为分为三个维度:同事帮助、公民道德和运动员精神。苏红玲(2008)在其同事帮助维度量表的基础上,通过将其翻译成中文并根据企业主管的访谈对词句加以修订,最终形成了有 7 个题目的同事支持中文量表,量表具有良好的信度和效度。Karasek,Triantis

和 Chaudhry(1982)对于同事支持的测量是分成两个方面来进行测量,即分别测量同事的工具性支持与社会－情感支持,两个量表分别有三个题目,Cronbach's α 分别是 0.59 和 0.61。本研究不对同事支持的测量进行过细的划分,因此实证研究部分将采用苏红玲(2008)修订的同事支持中文量表。

第3章 理论模型及研究假设

通过文献综述可知,已经有学者对人－组织匹配和员工创新行为之间的关系进行了研究,并取得了一定的研究成果,但到目前为止,还没有学者揭示出人－组织匹配对员工创新行为的影响机理。本章在文献回顾的基础之上,针对目前研究中存在的不足,建立了人－组织匹配、心理授权和员工创新行为关系的理论模型,论述了理论模型中各变量之间的关系,并提出了相应的研究假设。

3.1 研究的理论模型与变量符号设定

3.1.1 理论模型

根据文献综述,本文提出了人－组织匹配、心理授权和员工创新行为之间关系的理论模型,模型中心理授权是作为人－组织匹配和员工创新行为之间的中介变量,主管支持是作为人－组织匹配和心理授权之间关系的调节变量,同事支持是作为心理授权和员工创新行为之间关系的调节变量,具体框架如图 3.1 所示。

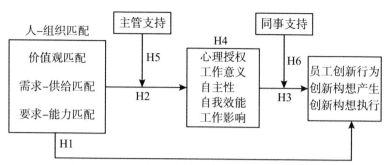

图 3.1　人－组织匹配、心理授权与员工创新行为的理论模型

3.1.2　研究变量符号设定

为了使研究内容更加清晰,本文对理论模型中涉及的所有变量进行了符号设定,具体如表 3.1 所示。

表 3.1　理论模型中各变量的符号设定

变量	符号
人－组织匹配	A
价值观匹配	A1
需求－供给匹配	A2
要求－能力匹配	A3
心理授权	B
工作意义	B1
自主性	B2
自我效能	B3
工作影响	B4

变量	符号
员工创新行为	C
创新构想产生	C1
创新构想执行	C2
主管支持	D
同事支持	E

3.2 研究假设

3.2.1 人—组织匹配与员工创新行为的关系

与其他行为一样,创造性行为也是人与环境共同作用的结果(Woodman,1993)。大量的研究显示人与环境的交互作用可以预测员工的创造力(Oldham and Cummings,1996;Zhou and George,2001),如领导者与下属内在动机的匹配会促进员工的创造力(Tierney,1999)。也就是说,个体与环境的匹配是提高创造力的重要条件。

Woodman(1993)认为,个体的创新绩效是个体特征、社会影响(如群体规范)以及环境(如组织报酬体系)共同作用的结果。

Choi(2004)以学生为样本对人与环境匹配的两个维度供给—期望匹配(Supplies-Values Fit)和需求—能力匹配(Demands-Abilities Fit)对于创造性行为的影响进行了研究,结果表明个体的期望和能力对于创造性行为有显著影响,环境的供给和需求对于创造性行为却没有显著影响。另外只有S—V匹配对于个体报告的创造性行为有显著影响,其他均无影响。

杜旌和王丹妮(2009)在 Choi(2004)的基础上进行了拓展,加入了集体主义价值观作为调节变量,结果显示供给—期望匹配中实际创造性氛围、要求—能力匹配中的实际创造性能力对个人创造性有显著作用。对于高集体主义价值观的个人,环境因素(实际创造性氛围和要求创造性能力)对他们创造性的影响作用更为显著。

Hoffman 和 Woehr(2006)通过元分析发现,价值观的一致性程度对个体的任务绩效有显著正向影响。个体创新行为虽不能简单地看成任务绩效,却与绩效是有某种关系的。创新构想产生和创新构想执行是两种不同的创新行为,前者指提出新颖且有用的想法或解决方案,通常需要内部动机驱使(Amabile,1983)。后者指组织一旦认可了某个创新构想,就会组织人员论证、完善该构想,并给予相应资源,实施想法或方案,这一阶段不需要太多创造性的想法,个体按照规则,从事既定的工作。孙健敏和王震(2009)考察了个人与组织匹配的程度与个体创新行为之间的关系,结果表明个人与组织在价值观上的一致性程度与创意产生正相关,与创意实施关系不显著。

Cable 和 DeRue(2002)指出工作要求与个人能力匹配的程度与工作绩效有一定关系,但没有得到数据支持。也有一些研究表明个体能力与组织匹配的程度与员工的工作绩效有显著的正相关(Kristof,1996;Saks and Ashforth,2002)。孙健敏和王震(2009)的研究表明工作要求与个人能力匹配程度与创意产生和实施都有显著相关。

Amabile(1983)提出了创造力成分模型,指出有三个重要的因素会影响个体的创造力:即个体的专业技能、内部动机以及与创造力相关的技能。总的来说,个体能力与工作要求的匹配表明了个体的专业技能是否能够满足组织的要求,虽然员工的这种匹配不一定会立刻对其创新性有直接的影响,但是与那些难以胜任目前工作的员工相比,能力较强的员工更有可能摆脱原有框架的束缚,对老问题提出新想法,并将新想法予以实施(孙健敏、王震,2009)。

个人需求—工作供给匹配反映的是工作满足个体需求的程度。有一些学者对工作资源、努力回报、奖励等对个体创新行为的影响进行了研究。例如 Martin(2007)的研究表明,工作对个体提出的要求与个体为完成工作而获得的资源这两个因素的交互作用显著影响个体的创新行为。

孙健敏和王震(2009)从理论角度提出个人需求—工作供给匹配的程度与个体创新行为有关,但没有得到数据支持。

根据社会交换理论的互惠原则,如果企业为员工提供了他们所需要的资源,出于对组织的回报,员工也会倾向于对企业表现出更高的忠诚和更多的承诺,如努力工作,表现出额外的创新行为。

基于以上分析,本文假设:

H1:人—组织匹配对员工创新行为具有显著的正向影响

H1a:价值观匹配对员工创新行为具有显著的正向影响

H1b:需求—供给匹配对员工创新行为具有显著的正向影响

H1c:要求—能力匹配对员工创新行为具有显著的正向影响

3.2.2　心理授权在人—组织匹配与员工创新行为之间的中介作用

1.人—组织匹配与心理授权的关系

授权理论指出,心理授权会直接受到工作情境的影响(Conger and Kanungo,1988;Spreitzer,1996)。由于考虑了情境因素的影响,因而心理授权体现了人与环境匹配的思想(Zimmerman,1990)。一个被授权的个体可能在政治上感受不到实际的权力,但却能根据不同的情况做出不同的选择,虽然他们的选择不一定是最佳的或最正确的,但他们知道选择进攻还是撤退,保持独立还是依赖他人(Zimmerman,1990)。心理授权是具有个体差异的,不同的人对于同样的管理实践会有不同的心理授权感受。被授权的个体通常会积极看待他们的工作角色,并试图影响工作环境(Spreitzer,1999)。与组织匹配良好的个体通常会有独特的心理授权感受,因为他们会更好地理解组织的要求,并认识到组织为他们提供了更多的资源,以使他们的行为满足组织的要求(Gregory,2010)。

已有研究发现心理授权的一些前因变量包括关于公司使命和绩效的信息,对于正向绩效的奖励,低的角色模糊性,强有力的社会—政治支持,获得信息的通道、参与性的工作氛围(Spreitzer,1995,1996),因此人—组织匹配也可能是心理授权的潜在影响因素。

人—组织匹配会影响心理授权是基于这样的概念:即匹配程度高的个体比匹配程度低的个体更能体验到工作环境的不同。人与组织价值观的匹配程度会影响个体的心理过程,认同组织价值观的个体更倾向于采取组织期望的行为(Gregory,2010)。

基于以上研究,本文提出以下假设:

H2:人—组织匹配对心理授权具有显著的正向影响

H2a:价值观匹配对心理授权具有显著的正向影响

H2b:需求—供给匹配对心理授权具有显著的正向影响

H2c:要求—能力匹配对心理授权具有显著的正向影响

2. 心理授权与创新行为的关系

在组织行为学的研究中,心理授权是一个广泛使用的术语(Thomas and Velthouse,1990;Spreitzer,1995;Carless,2004),它被看成是员工的内在工作动机。通常情况下,内在工作动机会促进员工的创新行为。有授权体验的员工相信他们对工作是有自主性和影响力的,会比其他员工感到更少的技术和规则的限制,因而可能会更积极、更主动,更有创造性(Amabile,1988)。

班杜拉指出,创新在很大程度上是综合新的思维和处事方式,因此要有一种不可动摇的效能感,需要长期投入时间和努力。Conger和 Kanungo(1988)认为,心理授权即是自我效能感,它对促进组织中的变化有重要的作用。在 Thomas 和 Velthouse(1990)的授权认知模型中,心理授权和个体弹性、灵活性、首创性有关,从而促进创新行为。Spreitzer(1995)等实证研究结果表明,心理授权与创新行为呈正相关,心理授权水平越高,创新行为水平越高。

刘耀中(2008)以我国企业员工及管理人员为研究对象,探讨了员工的心理授权结构维度以及心理授权与员工创新行为之间的关系。研究结果显示,心理授权四因素结构模型比较理想,四个维度共同解释了个人创新行为49.1%的变异量。心理授权对个人创新行为存在显著的正向影响,心理授权的四个维度中,除目标内化对员工创新行为的影响没有达到显著性水平以外,自我决策、工作价值和自我效能三个维度对员工创新行为都具有显著的正向影响。

袁庆宏和王双龙(2010)的研究发现,心理授权增加了个体创新行为形成的心理因素,除了影响维度与个体创新行为关系不显著之外,工作意义、自我效能和自主性3个维度都对员工创新行为有显著正向影响。

根据以上研究,本文假设:

H3:心理授权对员工创新行为具有正向影响

每个个体都有寻找工作意义的动机,当他们认为自己所从事的工作有趣并能体现个人的价值时,便会认为工作有意义,就有动力去投入工作。但这种意义能否转化为员工的创新动力,还取决于他们对创新成果的评价,比如创新是否为他们带来了物质报酬或精神奖励、增加了个体技能等。这些期望越能得到满足,个体创新行为就越容易发生,相反,个体创新行为就会减弱(袁庆宏、王双龙,2010)。

自主性又称为自我决定性,具有自主性的员工会根据自己的想法安排工作,包括工作程序、工作方法等,体现了组织对员工的信任和肯定,因此有助于改善员工对组织的认同感,激发员工主动工作的热情和创造性。

自我效能感的高低决定着个体能很好完成某项任务或工作的信心。自我效能感高的个体认为自己有能力完成某项任务或工作,因而在遇到困难或挑战的时候,有坚强的意志,能持续地从事某项工作,主动学习新知识和新技能,具有探索精神。而自我效能感低的个体往往缺乏自信,不敢尝试。Gist 和 Mitchell(1992)指出,个体自我效能感的不同会影响到他们工作的结果,自我效能感高的个体工作效果更好。

工作影响使员工感知到自身的工作在企业中的价值,如果他们的工作影响到企业战略或管理方法,就会认为对组织有着重要的贡献,从而有动机对工作作出某种调整,这种调整也可以被看做是一种创新行为。

根据以上分析,本文又提出以下 4 个子假设:

H3a:工作意义对员工创新行为具有显著的正向影响

H3b:自主性对员工创新行为具有显著的正向影响

H3c:自我效能对员工创新行为具有显著的正向影响

H3d:工作影响对员工创新行为具有显著的正向影响

3. 心理授权的中介作用

由前述学者的研究成果可知,心理授权经常在理论变量之间的关系中发挥中介作用,尤其是对员工态度、行为和绩效的影响非常显著。如心理授权在社会环境因素和创新行为之间(Spreitzer,1995),在授权气氛和个体绩效之间(Seibert,2004),在组织支持感与组织公民行为之间(王国猛和郑全全,2007)都起到中介作用。目前,还没有学者将心理授权作为人一组织匹配和员工创新行为之间的中介变量进行研究。

根据托尔曼的认知行为主义,在外界刺激和行为反应之间有一个中介变量——内部心理过程,虽不能被直接观察到,但它却是引起特定反应的关键,是行为的决定者。班杜拉的学习理论提出人有主动的方面,尤其是人的内在动机和认知功能对人的行为有重要影响,人有使用符号的能力,所以他能够进行创造性的活动。

通过分析本文认为,人一组织匹配对员工创新行为具有显著正向影响的关系,人一组织匹配对心理授权以及心理授权对员工创新行为都具有显著正向影响的关系,因此,心理授权很有可能是人－组织匹配和员工创新行为之间的中介变量。本文拟对心理授权在人－组织匹配和员工创新行为之间的中介效应进行探索,由此提出假设 H4。

H4:心理授权在人－组织匹配与员工创新行为之间具有中介作用

3.2.3 主管支持与同事支持的调节作用

1. 主管支持对人－组织匹配与心理授权的调节作用

很多研究显示工作场所的支持对组织行为有重要影响,如组织中的支持会提高工作满意度和组织承诺,减少离职率和缺勤率(Eisenberger 等,1986)。也有研究显示心理授权会受到领导行为的影响(Avolio,2004;Hepworth and Towler,2004;Aryee,2006;李超平,2006),如变革型领导、魅力型领导、领导支持、领导－成员交换都能显著提高下属的心理授权水平。

心理授权可以被看做是通过增加员工的自我效能感和内在的工作激励而提升员工能力的过程(Conger and Kanungo,1988;Thomas and Velthouse,1990)。领导在这个过程中的作用是帮助下属转变观念和态度。在中国转型经济背景下,中国企业还普遍面临着正式制度的缺失以及内部管理制度不完善的情况,因此中国企业员工可能更依赖于个人的特定关系,特别是能提供资源和机会的直接主管,在中国情境下,主管支持感会对员工的心理和行为有更大的影响(袁勇志等,2010)。

当主管支持下属时,会关心下属的感受与需要,鼓励他们说出自己的担心,提供积极的信息反馈等,主管的这些做法会提升下属的自我决定感,会引起他们对于工作的兴趣(Oldham and Cummings,1996)。由此我们可以判断,主管支持感对于员工的心理状态和工作动机会产生影响。有学者已经证实主管支持会提高员工的内在动机（苏红玲，2008），但主管支持对人－组织匹配与心理授权之间的关系是否存在影响，目前尚没有学者进行研究。

本文在深度访谈的基础上，得到了主管支持在人－组织匹配与心理授权之间具有调节作用的直接证据。例如访谈对象 C 和 H 都谈到了主管是否支持自己会影响到自己的心理感受，影响到工作的积极性，如果主管支持自己，心理上会有一种被领导信任和重视的感觉，如果自己有能力做好工作，就会更加卖力地工作，主动寻找解决问题的办法；而如果得不到主管的支持，即使自己有能力做好工作，也感觉工作起来没什么意思，会变得被动。访谈对象 B 认为，基层员工在企业中占有的资源少，如果不能得到领导的支持，就会严重挫伤工作热情，更别提创新了。基于深度访谈的结果，我们认为主管支持感的大小会对人－组织匹配与心理授权的关系产生影响，由此我们提出假设 H5。

H5：主管支持感越强，人－组织匹配对心理授权的影响越大

2. 同事支持对心理授权与员工创新行为的调节作用

支持性的环境可以影响员工的创新性，这在很多研究中都得到了证实。创新经常意味着将先前不相关的事物通过非传统的方式结合起来，这不仅需要人们有强烈的解决问题的动机，也需要不同领域相关知识的交叉运用。在人际关系发展过程中，人们通常愿意接近那些与自己职业、地位、目标或价值观相似的人，而同事由于处于相同的工作环境之中，没有正式的上下级关系，相互间有较多的接触与互动，因此和同事间的关系会比较亲近，对其工作上的影响也会比较大一些。

当同事愿意提供支持和帮助时，员工既可以从同事那里得到与任务相关的知识和技能，也容易将同事作为商讨新问题、新想法的伙伴，从而促使产生解决问题的新方法（Shalley，1991；鞠芳辉等，2008）。在决定做出积极的行为之前，员工通常会去评价通过自己和

别人的行动能够使工作得到改进的可能性。当一个员工与周围同事
关系融洽,同事们愿意与之分享相关知识和技能并给予鼓励时,则该
员工就有更多的机会产生新的想法并付诸实施。有研究证实同事支
持是员工创造力的前因变量(苏红玲,2008),但还没有学者将同事支
持作为心理授权与员工创新行为之间的调节变量进行研究。通过深
度访谈,我们得到了同事支持影响心理授权与员工创新行为之间关
系的直接证据,如访谈对象 B 谈到,如果得不到同事的支持,即使有
创新的想法也不会去实行,访谈对象 I 指出,领导的授权会提高自己
创新的积极性,但也要看同事是否支持自己。基于深度访谈的结果,
我们认为即使一个员工有心理授权感受,但如果没有得到同事的支
持,其创新行为也会减弱;如果同事支持自己,创新行为则会增强,也
就是说,同事支持在心理授权与员工创新行为之间起到调节作用,由
此我们提出假设 H6。

H6:同事支持感越强,心理授权对员工创新行为的影响越大

第4章 研究方法与研究设计

第2章系统地回顾和总结了人－组织匹配、心理授权和员工创新行为的相关概念与理论，分析了人－组织匹配对员工创新行为的影响机理，并简单回顾了主管支持和同事支持的概念与相关研究。第3章构建了研究的理论模型和研究假设。本章将对研究中使用的调查方法（深度访谈法和问卷调查法）和数据分析方法进行具体的介绍。

4.1 深度访谈法

"访谈"与聊天不同，它是一种研究性交谈，是研究者通过口头谈话的方式从被研究者那里收集（或者说"建构"）第一手资料的一种研究方法（陈向明，2000）。在社会科学研究中，深度访谈法（In-depth Interview）是一种十分有用的方法。深度访谈法是一种定性研究技术，是由受过训练的采访员直接与受访者进行一对一的沟通交流，获得关于受访者的某种态度、观念或行为等方面信息的调查方法。这种方法并不依据事先设计的问卷和固定的程序，而是只有一个访谈的主题或范围，通常采取半结构式访谈（Semi-Structured Interview）的方式。它的主要作用在于通过深入细致的交谈，获得丰富生动的定性资料，从中归纳和概括出某种结论，适合于了解复杂、抽象的问题。

访谈之前,研究者要对访谈的目标有一个明确的认识,设计出访谈提纲,列出研究者应该了解的主要问题,尽可能简洁明了。如果条件允许,在征得受访者同意的情况下,最好对访谈内容进行录音,录音可以帮助研究者日后分析资料。访谈开始时,尽可能自然地结合受访者当时具体情况开始交谈,如先与受访者聊聊天,询问一下对方的个人经历和生活情况等,使气氛变得比较轻松,增进交谈双方的情感交流,消除双方心理上的隔膜。在双方建立一定的关系以后,就可以引导受访者开始回答问题。提问的问题要简洁,一般是以开放、具体、清晰的问题为主,问题间要注意自然的过渡,以保障谈话的顺畅。提问的时候,还可以针对受访者提到的概念、观点、事件等及时进行追问。追问的原则是使用受访者自己的语言和概念来询问受访者曾经谈到的看法和行为。访谈时还要注意不轻易打断对方的谈话并及时回应对方。

4.1.1 访谈目的与对象

1. 访谈目的

本次深度访谈的目的主要是为了获得本研究中理论模型的现实依据。具体来说,包括以下三个方面:

(1)考察受访者对理论模型中变量及其影响因素的理解

本文在构建的理论模型中,引入了一些相对抽象的构念,如人—组织匹配、心理授权,通过深度访谈,本文要了解企业员工对上述这些变量及内涵的理解。同时,也要了解哪些因素会影响员工的心理授权和创新行为。

(2)评价理论模型中各变量间逻辑关系是否合理

本研究是在对国内外相关文献分析的基础上,提出的关于人—组织匹配、心理授权和员工创新行为之间关系的理论模型,并从人际支持的角度将主管支持和同事支持作为调节变量引入到模型中。这

86

些逻辑关系在企业实践中是否成立,需要进一步验证。本研究通过对企业员工的深度访谈,旨在了解他们如何看待本文理论模型中各变量之间的逻辑关系,从而评价理论模型的合理性。

（3）为量表设计提供现实依据

在深度访谈过程中,通过与企业员工面对面的交谈,了解他们的思维方式及语言习惯,同时观察他们对所提问题的反映和回答,这些信息能够帮助我们在正式发放问卷前对量表的语言进行改进,使其更易被企业员工理解和接受。

2. 访谈对象

深度访谈通常倾向于选择与研究目的相关的专业人士作为受访者,因为他们的观点具有专业性和代表性,有利于研究者全面地了解所要研究的问题。为了获得企业员工的真实信息和想法,本研究通过熟人介绍,最终访谈了 10 位在不同企业工作的员工,其中男性 8 位,女性 2 位。受访者的职位包括技术人员、营销人员、中层管理者和高层管理者。这些员工所在的企业包括汽车制造企业、化纤制造企业、发电企业、软件企业、通信企业和银行。10 名员工中,工作年限在 3—5 年的有 2 人,5—10 年的有 4 人,15—20 年的有 3 人,20年以上的有 1 人。表 4.1 中列出了深度访谈人员所在的企业类型、目前的岗位以及工作年限,我们对不同的访谈人员进行了编号。

表 4.1　深度访谈员工所在企业及从事岗位一览表

所在企业	人数	职务	工作年限	编号
汽车制造企业	2	主管 1 人 技术员 1 人	15—20 年 5—10 年	A B
化纤制造企业	4	技术人员 1 人 部长 2 人 高级经理 1 人	5—10 年 15—20 年 20 年以上	C D、E F

所在企业	人数	职务	工作年限	编号
发电企业	1	技术人员	3—5 年	G
软件企业	1	营销人员	3—5 年	H
通信企业	1	技术人员	5—10 年	I
银行	1	主　管	5—10 年	J

4.1.2　访谈流程与内容

1. 访谈流程

深度访谈是一种比较复杂的调查方法,并不是简单的聊天。如果不在访谈之前做好充分的准备,很可能无法有效地控制访谈过程,从而失去访谈的意义。因此,访谈者要事先确定研究主题和访谈流程,对所有可能的变量做好充分的准备,这对于访谈的成功将起到重要作用。在明确了访谈目的以后,本次研究设计了基本的访谈流程,具体如图 4.1 所示。

首先根据研究目的明确访谈主题,确定访谈对象。然后根据研究内容设计访谈提纲,提纲中简要列出研究者想要了解的问题。接下来预约受访者,对其进行实地访谈,注意在访谈过程中要做好记录。本研究在征得受访者同意的情况下,对谈话内容进行了录音。最后,对访谈资料进行归纳和整理,从中分析出对本研究有价值的结论。

2. 访谈内容

在访谈之前,我们围绕着理论模型中的各个变量,设计了相应的访谈提纲,具体请见附录 1。访谈提纲涵盖了研究中我们想要了解

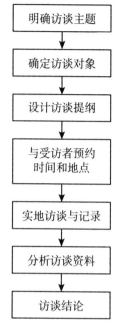

图 4.1　深度访谈流程图

的主要问题。具体内容包括以下几部分：

①受访人员的工作年限、在本岗位的工作时间等基本信息；

②受访人员对人－组织匹配、心理授权等抽象概念的理解；

③受访人员对人－组织匹配、心理授权、员工创新行为之间关系的理解；

④受访人员对心理授权及员工创新行为影响因素的认知；

⑤受访人员对研究模型合理性的认知。

当访谈提纲设计好以后，访谈人员要主动联系受访人员，并与受访人员约定合适的时间和地点进行访谈。当受访人员同意接受访谈时，如何保证访谈质量并获得有效资料是访谈成功与否的关键。因此，在访谈之初，访谈人员要详细介绍此次调研目的和意图，使受访人员了解自己的回答对其自身不会产生任何不利影响，访谈记录严

89

格遵守保密制度。同时,访谈人员要尽量用轻松的语气,力图营造出一种热情、友好的氛围,使受访人员能够畅所欲言,表达其真实想法。在访谈过程中,访谈人员应使用通俗易懂的语言,清晰地陈述问题,并对访谈内容有一个方向上的把握,控制好访谈进程,及时把话题引到访谈主题上来。如果认为受访人员提供的信息有价值,可进行进一步的询问,但要注意追问的过程不要引起受访人员的反感。

4.1.3 访谈资料的整理与分析

资料收集上来以后,研究者需要对资料进行整理和分析。"整理和分析资料"指的是根据研究目的对所获得的原始资料进行系统化、条理化的归纳,然后用逐步集中和浓缩的方式将资料反映出来,最终目的是对资料进行意义解释(陈向明,2000)。

整理资料和分析资料实际上是一个同步进行的活动,不可能截然分成两个相互独立的部分,整理总是在一定分析的基础之上,同时又受制于分析。对资料进行分析时最重要的问题是"如何从资料中发掘意义? 研究者如何才能理解被研究者?"对资料的整理和分析要及时,因为这不仅可以对已经收集到的资料获得一个比较系统的把握,而且可以为下一步的资料收集提供方向和聚焦的依据。

本文主要按照以下步骤来整理和分析资料:

①核对原始记录与访谈录音,整理出比较全面的访谈内容;

②对资料进行编码,即对个体信息分门别类地进行标记,用特定颜色标示有价值的信息;

③对资料进行归类,即按照编码系统整合相近或相同的资料,将相异的资料区别开来;

④剖析各类别间的相互关系。

4.1.4　访谈结论

通过与企业员工的深度访谈,本研究得到了以下一些结论:

1. 企业员工对于理论模型中的变量有具体的理解

企业员工对于人－组织匹配、心理授权等概念虽然不能准确地定义,但对这些概念都有自己的理解。比如,员工 E 认为人－组织匹配就是一个人认可组织提出的政策,个人能够满足组织的要求,组织也能满足个人的要求。员工 D 认为心理授权就是领导充分地信任他们,让他们自己决定工作如何开展。

2. 初步确认了研究模型的合理性

当访谈人员针对模型中各变量间可能存在的关系询问受访人员时,他们认为逻辑关系一定存在,如员工 A 指出,一个人越是认同企业的价值观,就越有工作的热情,从而也越有可能产生创新行为。员工 B 指出,个人的能力能胜任岗位的要求是员工产生创新行为的前提,如果能力达不到岗位的要求,还谈何创新? 员工 H 认为,一个人即使认同组织的价值观,有工作的积极性,但主管和同事的支持也会影响自己工作的心情,如果他们不支持自己的想法,肯定就没心情继续做下去了。

3. 修正了问卷中的个别题项

在深度访谈过程中,我们就问卷题项的措辞与受访者进行了交流,听取了他们对问卷题项的理解与修改的建议,受访人员认为题项 A13、A21、A22、A33、B11、B12、B23 和 B32 的表述不够清楚和简洁,在受访者的帮助下,我们共同对上述题项进行了修改,具体内容如表 4.2 所示。

表 4.2　经深度访谈后修改的题项

题项	修改前	修改后
A13	组织的价值观和文化非常符合我个人在生活中的价值观	组织的价值观与我个人在生活中的价值观相符合
A21	我的工作能提供给我的（物质和精神资源），与我想寻找的工作非常符合	我的工作能提供给我所需要的物质资源和精神资源，正是我想寻找的工作
A22	我所追求的工作特性，在我目前的工作中都能得到很好的体现	目前的工作是我想要的工作
A33	我个人的能力及所受的教育，与工作对我的要求非常匹配	我个人的能力及所受的教育，能与工作要求相匹配
B11	我所做的工作对我来说非常有意义	我的工作对我来说非常有意义
B12	工作上所作的事对我个人来说非常有意义	工作上所作的事对我来说非常有意义
B23	在决定如何完成我的工作上，我有很大的自主权	在决定我的工作方法上，我有很大的自主权
B32	我自信自己有干好工作上的各项事情的能力	我自信自己有能力做好工作上的各项事情

4.2　问卷调查法

问卷调查法是管理学定量研究中最为常用的方法，其实用性主要体现在四个方面：第一，问卷法是最快速有效的收集数据的方法；第二，如果量表的信度和效度高，样本数量大，研究人员可以收集到高质量的研究数据;第三,调查成本低廉,是研究人员最经济的收集数据的方法;第四,问卷调查对被调查者的干扰较小,比较容易得到被调查企业和员工的支持(陈晓萍、徐淑英和樊景立,2008)。

4.2.1　测量量表的选择

在使用问卷调查法收集数据时,我们常常要使用量表。量表是研究者进行实证研究中不可缺少的度量工具。以往有很多学者通过刻苦地探索,开发了大量有价值的量表,为后来学者的研究提供了有意义的参考。为了确保所用量表的信度与效度,本研究所采用的量表都是国内外学者已经发展出来的测量量表。其中人－组织匹配量表使用的是英文量表,而员工创新行为、心理授权、主管支持、同事支持量表使用的是由国外学者开发,台湾以及大陆学者在研究中使用的已翻译成中文的量表。

对于英文量表,本研究采用"双向翻译"的方法将其转化为中文量表。我们所用的量表中,只有人－组织匹配量表是英文量表,将其转化为中文量表的具体做法是:首先请一位在国内获得博士学位并已在美国工作 8 年的专业人士将量表翻译成中文,然后再请英文专业的老师将其回译成英文,最后由专门研究组织行为学和人力资源管理领域的专家将其与原文进行了对比,来确保量表具有良好的内容效度,从而形成了量表的初稿。之后以此为基础,作为问卷编制的依据。

1. 人－组织匹配量表

本文中人－组织匹配的定义采用 Kristof(1996)的整合观点,即人－组织匹配包括三个维度,分别是价值观匹配、需求－供给匹配和要求－能力匹配,测量量表选用 Cable 和 DeRue(2002)的研究成果,共包含了 3 个维度 9 个题项,其中价值观匹配 3 个题项,需求－供给匹配 3 个题项,要求－能力匹配 3 个题项,具体内容如表 4.3 所示。

表 4.3　人一组织匹配量表

变量	测量维度	量表题项与编号
人一组织匹配（A）	价值观匹配（A1）	我个人的价值观和组织的价值观非常相似（A11） 我个人的价值观能够与组织的价值观和文化相匹配（A12） 组织的价值观和文化非常符合我个人在生活中的价值观（A13）
	需求一供给匹配（A2）	我的工作能提供给我的（物质和精神资源），与我想寻找的工作非常符合（A21） 我所追求的工作特性，在我目前的工作中都能得到很好的体现（A22） 我目前所从事的工作，几乎能给予我想要从工作当中得到的一切（A23）
	要求一能力匹配（A3）	工作要求与我个人所具有的技能，能够很好地匹配（A31） 我的能力和所受的训练，非常适合工作对我的要求（A32） 我个人的能力及所受的教育，与工作对我的要求非常匹配（A33）

资料来源：Cable 和 DeRue(2002)

2. 心理授权量表

本文中心理授权的定义采用 Thomas 和 Velthouse(1990)的四维度观点，认为心理授权包括工作意义、自我决定、自我效能和工作影响四个方面的认知。测量量表采用国内学者李超平(2006)翻译的在 Spreitzer(1995)量表基础上的中文量表，共包含了 4 个维度 12 个题项，其中工作意义 3 个题项，自我决定 3 个题项，自我效能 3 个题项，工作影响 3 个题项，具体内容如表 4.4 所示。

表 4.4　心理授权量表

变量	测量维度	量表题项与编号
心理授权（B）	工作意义（B1）	我所做的工作对我来说非常有意义（B11） 工作上所作的事对我个人来说非常有意义（B12） 我的工作对我来说非常重要（B13）
	自我决定（B2）	我自己可以决定如何来着手来做我的工作（B21） 在如何完成工作上,我有很大的独立性和自主权（B22） 在决定如何完成我的工作上,我有很大的自主权（B23）
	自我效能（B3）	我掌握了完成工作所需的各项技能（B31） 我自信自己有干好工作上的各项事情的能力（B32） 我对自己完成工作的能力非常有信心（B33）
	工作影响（B4）	我对发生在本部门的事情的影响很大（B41） 我对发生在本部门的事情起着很大的控制作用（B42） 我对发生在本部门的事情有重大的影响（B43）

资料来源:李超平(2006)

3. 员工创新行为量表

本文中员工创新行为的定义采用 Amabile(1996)以及 Zhou 和 George(2001)等学者的观点,认为员工创新行为除了包含产生创造性想法以外,还包含对创造性想法的成功实施。测量量表选用黄致凯(2004)在台湾使用的中文量表,共包含两个维度,12 个题项,其中创新构想产生 8 个题项,创新构想执行 4 个题项,具体如表 4.5 所示。

表 4.5　员工创新行为量表

变量	测量维度	量表题项与编号
员工创新行为(C)	创新构想产生(C1)	我会去探寻可改善公司、部门、工作流程或服务的机会(C11) 我会去注意工作、部门、组织或市场中非例行性的议题(C12) 我会针对问题提出构想或解决方式(C13) 我会从不同角度看待问题,以获得更深入的见解(C14) 我会去测试新构想或问题解决方式,以了解未被满足的需求(C15) 我会去评估新构想的优缺点(C16) 我会尝试说服他人了解新构想或解决方式的重要性(C17) 我会主动去推动构想并使其有机会被实行(C18)
	创新构想执行(C2)	我会冒着风险以支持新构想(C21) 当应用新的作业形态于工作流程、技术、产品或服务时,我会设法修正新方法所产生的毛病(C22) 我会将可改善工作流程、技术、产品或服务的新构想,具体实行于每日例行性事务之中(C23) 我会从事可能产生益处的改变(C24)

资料来源:黄致凯(2004)

4. 主管支持量表

本文对主管支持的定义采用 Kottke 和 Sharafinski(1988)的观点,认为 PSS 是员工感受到自己的主管珍视自己的贡献和关心自己福利的程度。对于主管支持的测量,沿用现在的通行做法,借鉴 POS 量表,把其中的"组织"替换为"主管"(Stinglhamber and Vandenberghe,2003),并参考了周明建(2005)翻译的中文量表,量表包括 1 个维度 6 个题项,具体内容如表 4.6 所示。

表 4.6　主管支持量表

变量	量表题项与编号
主管支持 （D）	我的上司很关心我的福利（D11） 我的上司很关心我的个人目标和价值实现（D12） 我的上司很重视我做出的贡献（D13） 我的上司很重视我提出的观点或意见（D14） 假如我需要特定的帮助，我的上司会愿意帮忙（D15） 总的来说，我的上司对我的支持很大（D16）

资料来源：周明建（2005）

5. 同事支持量表

本文对同事支持的定义采用 Settoon 和 Mossholder（2002）、鞠芳辉等（2008）的观点，认为同事支持是在工作背景下，当员工在他的工作中需要共享知识和专长，或需要同事的鼓励和支持时，得到来自同事的帮助。本文采用苏红玲（2008）在 Podsakoff 等人（1997）研究的基础上，修订的同事支持中文量表，量表包括 1 个维度 7 个题目，具体内容如表 4.7 所示。

表 4.7　同事支持量表

变量	量表题项与编号
同事支持 （E）	我与部门同事之间愿意彼此分享专业技能（E11） 当部门同事工作进度落后时彼此之间会相互帮忙（E12） 在同事心情低落时，会相互打气鼓励（E13） 我觉得部门同事给我的回馈十分有用（E14） 同事能够提供给我有价值的信息，帮助我改善工作表现（E15） 我和部门同事间共同讨论并解决工作问题（E16） 在纷争产生时，同事间往往会有人出面来当和事佬（E17）

资料来源：苏红玲（2008）

6. 控制变量

以往的文献研究显示,影响员工心理授权和创新行为的人口统计学变量主要有年龄、性别、学历、任期、职位等,但不同的研究结论并不完全一致。如 Schneider(1987)发现,工作年限较长的员工基本适应了工作环境,受过良好教育的员工更可能形成职业认同,因而他们会有更高的心理授权体验。Spreitzer(1996)发现教育程度与心理授权之间显著正相关,年龄和性别与心理授权之间的相关关系并不显著。Koberg 等(1999)的研究发现任期与心理授权之间显著正相关,教育程度与心理授权之间的关系却并不显著。Hochw lder 和 Brucefors(2005)的研究表明,年龄与心理授权中的能力、自主决策及影响力都呈显著正相关。Mumford 和 Gustafson(1988)以及 Scott 和 Bruce(1994)的研究都发现,年龄与教育程度可以显著影响员工的创新行为。我国学者刘云和石金涛(2010)对影响员工心理授权和创新行为的人口学变量进行了研究,发现性别、教育程度、年龄、任职年限、职务级别和岗位性质等与心理授权显著相关,除任职年限外,性别、年龄、教育程度、职位级别和岗位性质与员工创新行为也显著相关。因此,本研究在结合国内外相关研究的基础上,将员工的性别、年龄、学历、工作年限和职位等人口统计学变量作为研究人—组织匹配、心理授权和员工创新行为关系时考虑的控制变量。

4.2.2 调研问卷的编制

本研究的主要目的是验证心理授权在人—组织匹配与员工创新行为之间的中介作用,以及主管支持在人—组织匹配与心理授权之间的调节作用和同事支持在心理授权与员工创新行为之间的调节作用。为了获得企业员工的真实数据,我们在现有量表的基础上编制了调查问卷。

调查问卷主要包括两个部分,第一部分是对员工人口统计学特征的调查,通过调查我们了解了员工的背景资料;第二部分是对本文理论模型中涉及到的所有变量进行调查,目的是获得数据,以验证本文的研究假设。问卷采用李克特 5 分制进行计量。其中 1 代表"完全不符合",2 代表"有些不符合",3 代表"说不准",4 代表"有些符合",5 代表"完全符合"。

本研究所设计的问卷具体由六个部分组成,主要包括以下内容:

第一部分是调查受访者的个人资料。主要包括受访者的性别、年龄、学历、收入水平、职位、工作年限、所在部门、所属企业性质、所从事的行业等。

第二到第六部分是关于人－组织匹配、心理授权、员工创新行为、主管支持、同事支持等的测量量表。其中人－组织匹配通过价值观匹配、需求－供给匹配和要求－能力匹配三个维度进行考量,心理授权通过工作意义、自主性、自我效能和工作影响四个维度进行考量,员工创新行为通过创新构想产生和创新构想执行两个维度进行考量,主管支持和同事支持均通过一个维度进行考量。

4.2.3　研究对象的选择

本文研究的是人－组织匹配、心理授权和员工创新行为之间的关系,关注的是企业员工。从日本丰田企业成功的实践来看,任何层次的员工均有可能产生创新行为。从相关报道和访谈结果来看,制造企业的一线技术工人在生产方法和生产工艺的创新中有着其他人不可替代的作用。任何竞争性的行业要想生存都需要不断创新,包括服务行业。因此,本研究将企业员工作为调查对象,并不对调查对象的层次和所在行业进行明确的界定。

4.2.4　预测试

为保证研究的质量,我们在大量发放问卷之前进行了小样本预测试,预测试问卷主要是通过同学和朋友的帮助,获得两家制造性企业和一家 IT 企业人力资源部门的帮助,通过 Email 形式对问卷进行了发放和回收,问卷采用匿名形式填写。共发放问卷 150 份,收回 146 份,回收率为 97.3%。问卷回收后首先进行筛选和审核,以剔除无效的问卷,根据以往学者的研究,我们按照以下两个标准剔除问卷,一是问卷没有填写完整;二是调查对象没有认真填写,如果问卷中连续 5 个题目的选择相同,那么这份问卷就无效。最终剔除 26 份无效问卷,得到有效问卷 120 份,样本有效率为 82.2%。

1. 预测试样本描述性统计分析

预测试样本主要来自两家制造业企业及一家 IT 企业员工,预测试样本的人口统计学特征如表 4.8 所示。

表 4.8 预测试样本描述性统计分析

类别	组别	频数(人)	百分比(%)
性别	男	68	56.7
	女	52	43.3
年龄	25 岁以下	12	10.0
	26—30 岁	16	13.3
	31—35 岁	24	20.0
	36—40 岁	42	35.0
	41—50 岁	24	20.0
	51 岁及以上	2	1.7
学历	大专以下	35	29.2
	大专	25	20.8
	本科	53	44.2
	硕士	7	5.8

类别	组别	频数(人)	百分比(%)
月收入	1000 元/月以下	1	0.8
	1001—1500 元/月	9	7.5
	1501—2000 元/月	37	30.8
	2001—3000 元/月	47	39.2
	3001—5000 元/月	19	15.8
	5001 元/月以上	7	5.8
职位	基层技术工人	9	7.5
	班组长	44	36.7
	科员	12	10.0
	技术人员	39	32.5
	中层管理者	16	13.3
工作年限	1 年以下	11	9.2
	1—3 年	10	8.3
	4—6 年	7	5.8
	7—10 年	8	6.7
	11—20 年	65	54.2
	21 年以上	19	15.8
所在部门	生产部门	52	43.3
	研发部门	20	16.7
	采购部门	2	1.7
	工艺部门	12	10.0
	质量部门	14	11.7
	销售部门	2	1.7
	其他部门	18	15.0

类别	组别	频数(人)	百分比(%)
组织性质	国有企业	92	76.7
	民营企业	24	20.0
	合资企业	1	0.8
	其他	3	2.5
所属行业	电子、电器	4	3.3
	IT 行业	23	19.2
	机械制造	17	14.2
	咨询、金融、服务业	2	1.7
	石油化工	8	6.7
	纺织服装	61	50.8
	其他	5	4.2

2. 预测试量表的信效度分析

在进行预测试之前,我们首先请人力资源管理和组织行为学方面的三位教授和四位博士生共同讨论量表的结构和表达,并请企业的两位中层经理帮助措辞,最终形成了预测试问卷。

在预测试中,我们采用修正条款总相关系数(Corrected Item-Total Correlation,CITC)来考察是否删除题项,利用 Cronbach's α 来检验问卷的信度。题项删除的标准主要有两个:①CITC 值小于 0.3 的;②删除该题项后可显著增加 Cronbach's α 值。根据这两个标准用 SPSS16.0 对数据进行分析,具体的分析结果如表 4.9—表 4.13 所示:

从表 4.9 的 CITC 及信度分析可以看出,人－组织匹配量表的各测量条款都不符合删除标准,因此予以全部保留。量表的总体信度为 0.937,各分量表的信度为 0.916、0.879 和 0.908,均大于 0.8,

符合研究要求。

表 4.9　人－组织匹配的 CITC 和信度

构念	维度	题项	CITC	删除该项后的 Cronbach's α	维度 Cronbach's α	构念 Cronbach's α
人－组织匹配（A）	价值观匹配（A1）	A11	0.854	0.851	0.916	0.937
		A12	0.837	0.871		
		A13	0.796	0.905		
	需求－供给匹配（A2）	A21	0.821	0.779	0.879	
		A22	0.794	0.804		
		A23	0.688	0.898		
	要求－能力匹配（A3）	A31	0.818	0.864	0.908	
		A32	0.876	0.815		
		A33	0.752	0.918		

　　从表 4.10 的 CITC 及信度分析可以看出,心理授权量表的各测量条款都不符合删除标准,因此予以全部保留。量表的总体信度为 0.905,各分量表的信度为 0.873、0.896、0.879 和 0.932,均大于 0.8,符合研究要求。

表 4.10　心理授权的 CITC 和信度

构念	维度	题项	CITC	删除该项后的 Cronbach's α	维度 Cronbach's α	构念 Cronbach's α
心理授权（B）	工作意义（B1）	B11	0.836	0.744	0.873	0.905
		B12	0.779	0.801		
		B13	0.670	0.895		
	自主性（B2）	B21	0.704	0.929	0.896	
		B22	0.916	0.742		
		B23	0.779	0.867		
	自我效能（B3）	B31	0.702	0.885	0.879	
		B32	0.827	0.767		
		B33	0.765	0.823		
	工作影响（B4）	B41	0.803	0.946	0.932	
		B42	0.905	0.864		
		B43	0.881	0.885		

　　从表4.11的CITC及信度分析可以看出,员工创新行为量表的各测量条款都不符合删除标准,因此予以全部保留。量表的总体信度为0.933,分量表的信度分别为0.927和0.807,均大于0.8,符合研究要求。

表 4.11　员工创新行为的 CITC 和信度

构念	维度	题项	CITC	删除该项后的 Cronbach's α	维度 Cronbach's α	构念 Cronbach's α
员工创新行为（C）	创新构想产生（C1）	C11	0.551	0.932	0.927	0.933
		C12	0.756	0.915		
		C13	0.806	0.911		
		C14	0.768	0.914		
		C15	0.765	0.914		
		C16	0.782	0.913		
		C17	0.788	0.912		
		C18	0.795	0.913		
	创新构想执行（C2）	C21	0.392	0.863	0.807	
		C22	0.775	0.635		
		C23	0.745	0.667		
		C24	0.565	0.754		

从表 4.12 的 CITC 及信度分析可以看出，主管支持量表的各测量条款都不符合删除标准，因此予以全部保留。量表的总体信度为 0.951，大于 0.9，符合研究要求。

表 4.12　主管支持的 CITC 和信度

构念	题项	CITC	删除该项后的 Cronbach's α	构念 Cronbach's α
主管支持（D）	D11	0.856	0.941	0.951
	D12	0.826	0.944	
	D13	0.878	0.938	
	D14	0.865	0.939	
	D15	0.835	0.943	
	D16	0.831	0.943	

从表 4.13 的 CITC 及信度分析可以看出,同事量表的各测量条款都不符合删除标准,因此予以全部保留。量表的总体信度为 0.940,大于 0.9,符合研究要求。

表 4.13 同事支持的 CITC 和信度

构念	题项	CITC	删除该项后的 Cronbach's α	构念 Cronbach's α
同事支持(E)	E11	0.867	0.920	0.940
	E12	0.889	0.918	
	E13	0.833	0.924	
	E14	0.833	0.923	
	E15	0.793	0.927	
	E16	0.884	0.919	
	E17	0.522	0.955	

此外,在预调查和深度访谈阶段,我们发现个别量表的题项表述不够清楚和明确,被试理解有一定偏差。因此,在正式问卷发放前,我们对个别题项的表述进行了修改,以使被试能更准确地理解题项的含义,具体修改内容见 4.1.4 节。

4.3 数据分析方法

本研究在处理数据时,主要使用了 SPSS16.0 和 AMOS16.0 统计分析软件。在数据处理过程中,主要使用了以下统计方法,具体包括:描述性统计分析、独立样本 T 检验和方差分析、信度与效度分析、相关分析和回归分析。

4.3.1　描述性统计分析

描述性统计分析主要是为了帮助研究者了解样本的基本情况。为了清楚地描述受访人员的背景资料以及各个变量的基本信息,我们使用了频数分析、均值、标准差等来分析变量的总体分布情况。

频数分析:频数(Frequency)是一个变量在各个变量值上取值的个案数,通过频数分析能够了解变量取值的状况,对把握数据的分布特征是非常有用的。经过频数分析可以得到频数分布表,表中包括频数、各频数占总样本数的百分比、有效百分比和累计百分比。

均值(Mean):又称"算术平均值",样本均值度量的是随机变量取值的平均水平,反映了变量取值的集中趋势,是最常用的基本统计量。

标准差(Std. Deviation):方差开方后的统计量称为标准差,是描述样本离散程度的重要统计量。

4.3.2　独立样本 T 检验和方差分析

独立样本 T 检验(Independent-Sample T Test)是利用来自两个正态总体的两个独立样本的数据,来推断两个总体的均值是否存在显著差异的一种统计推断方法。给定显著性水平 α 后,首先需要利用 F 检验来判断两总体方差是否相等。如果 F 统计量的 p 值大于给定的显著性水平 α,则可认为两总体方差并无显著性差异,此时可进一步观察方差相等条件下的 t 检验结果,如果 t 统计量的 p 值小于或等于给定的显著性水平 α,则可认为两总体均值之间存在显著性差异。相反,如果 p 值大于给定的显著性水平 α,则可认为两总体均值之间不存在显著性差异。如果进行 F 检验时,F 统计量的 p

值小于给定的显著性水平 α,则认为两总体方差有显著性差异,此时需观察方差不相等条件下的 t 检验结果(冯力,2008)。

独立样本 T 检验是对两组数据均值是否存在显著差异的统计检验,如果组别在三组以上,则需要采用方差分析。方差分析所研究的是分类型自变量对数值型因变量的影响。当只涉及一个分类型自变量时,该分析称为单因素方差分析;涉及两个或两个以上的分类型自变量时,则称为多因素方差分析。本研究中主要采用了单因素方差分析的方法来推断总体均值之间是否存在显著差异,如果存在显著差异,接下来就要确定自变量的不同水平对因变量的影响程度如何,哪些水平的作用明显区别于其他水平,哪些水平的作用不显著。这就要用到多重比较的分析方法,多重比较是利用样本数据,对各个水平下的总体均值逐一进行两两之间的比较检验。由于所采用的统计量不同,多重比较有许多具体方法。方差相等时常采用 LSD 法比较,方差不相等时常采用 Tamhane 法比较。

4.3.3 信度与效度分析

在使用量表时,我们要对量表的信度与效度进行检验。信度与效度是判断量表质量好坏的两个重要指标,下面简单介绍一下信度与效度分析常用的指标。

1. 信度分析

信度(Reliability)是指在测量某一构念时无偏差的程度。也就是说,在不同的时间点和用量表内不同题项对某个构念进行测量时,测量的结果应该是一致的。美国心理学会将信度定义为"测量结果免受误差影响的程度"(陈晓萍等,2008)。通过信度分析,我们可以对各个题项测量结果的稳定性和一致性进行检验。使用再测信度可以检测量表的稳定性,使用内部一致性信度可以检测量表内各题项之间的一致性。

目前,国内外学者进行信度分析时,最普遍采用的方法是检验 Cronbach's α 系数来评价量表的内部一致性信度。α 系数值越大, 说明量表的信度越高。对于 Cronbach's α 系数,Nunnally(1978)认 为,α 系数高于 0.70 属于高信度;介于 0.50 与 0.70 之间的信度可 以接受;低于 0.35 属于低信度,应拒绝使用。

2. 效度分析

效度(Validity)是指测量的有效性程度。通过效度分析,我们可 以检验所使用的量表是否准确地测出了我们想要测量的构念,而不 是其他构念。目前学者们通常从两个方面来检验量表的效度,即内 容效度和构念效度。

内容效度(Content Validity)又称作表面效度,是指测量题项与 所测构念之间的相符性。量表题项越能包含所测构念的内容范围, 其内容效度越好。一般而言,学者们通过文献研究、对研究对象进行 访谈等来判断测量题项是否反映了研究者想要测量的构念,并请相 关领域专家对量表的测量内容是否反映了该概念的基本内容来进行 内容效度的检验。

构念效度(Construct Validity)是指设计某构念时所依据的理论 与量表的实际测量结果之间的契合度,一般通过收敛效度(Conver- gent Validity)和判别效度(Discriminate Validity)来进行评价。

收敛效度,又称为聚合效度,指的是量表中测量同一概念的不同 题项之间应具有显著的相关性。我们常采用验证性因子分析 (CFA)的方法来检验量表的收敛效度。通过 CFA,我们首先得出某 一题项的标准化因子载荷值,然后根据公式计算出每个构念或测量 维度的组合信度 CR(Composite Reliability)值和平均方差抽取量 AVE(Average Variance Extracted)值,其可接受的临界值分别为 0.7 和 0.5(Fornell and Larcker,1981),由此我们可以来验证量表的 收敛性。

判别效度,又称为区分效度,是指一个概念与其他不同概念之间的不相关程度,也就是当我们应用不同的方法测量不同变量时,所观测的数值之间应该能够加以区分(陈晓萍等,2008)。检验判别效度时,首先计算出所有构念的相关矩阵,之后再计算出所有构念的AVE 值的平方根,并将 AVE 值的平方根置于相关矩阵的对角线上,当其大于对角线以外的相关系数时,就说明该构念具有判别效度(Fornell and Larcker,1981)[①]。

4.3.4 相关分析

相关分析(Correlation Analysis)用来研究各变量间的相关程度。描述变量之间相关程度的统计量称为相关系数,研究中最常采用的相关系数是 Pearson 系数。本研究通过相关分析,来考察人一组织匹配、心理授权、员工创新行为之间是否具有相关性,各变量之间的相关程度如何。相关分析只能简单描述各变量之间是否存在关联,但不能说明变量影响的方向和变量间的因果关系。

4.3.5 回归分析

回归分析(Regression Analysis)是利用统计学的方法,在大量实证数据的基础上,建立自变量与因变量之间关系的函数表达式。根据自变量的个数,回归分析可以分为一元回归分析和多元回归分析。当只有一个自变量时,称为一元回归分析;当有两个及以上自变量时,称为多元回归分析。回归分析的目的是通过自变量来对因变量做出预测。根据自变量与因变量二者之间的函数关系式,回归分析可以分为线性回归分析和非线性回归分析。线性回归分析是目前探讨变量之间关系时最有效的分析技术之一。

在回归分析中,我们使用 t 检验来对回归模型中变量间的线性

---

① 转引自袁平,2010

关系进行判断,t 值显著性小于 0.05 时,说明回归方程有效。对回归模型的拟合优度检验通常使用 F 检验和 R^2 检验。F 检验用来判定整个回归方程的显著性,如果 F 值大于临界值,说明回归效果显著。R^2 反映了自变量解释因变量的程度,它的取值范围从 0 到 1 之间,越接近 1 说明自变量越能解释因变量,模型拟合得越好。

第5章　数据分析与讨论

通过正式问卷的大量调查,我们获得了实证研究的基本数据。本章将对实证研究的结果进行分析与讨论,主要包括以下六个部分的内容,第一部分是数据的描述性统计分析,描述研究样本的特征及研究数据的均值等;第二部分是独立样本 T 检验和方差分析;第三部分是对所用量表的信度和效度进行检验;第四部分是相关性分析;第五部分是假设的检验,利用回归分析的方法分别对假设 1 至假设 6 进行检验;第六部分是对数据分析结果的讨论。

5.1　描述性统计分析

本研究通过问卷调查的方式获取数据,调查对象是企业员工。为保证调研数据的真实性,又考虑到如果直接去陌生企业调研将难以获得数据,本研究借助社会关系网,通过熟人关系以及大量同学和朋友的帮助,以便利抽样和滚雪球抽样的方式让企业员工填答问卷。正式问卷发布在网站上,通过网络收集和统计问卷,调查范围涉及吉林、长春、成都、上海、北京、广州、深圳、沈阳、石家庄等多个城市,行业涉及化纤、电信、汽车制造、IT 等多个行业,问卷的剔除标准与预测试相同,共收回 553 份有效问卷。研究样本的详细信息如下所述。

第 5 章　数据分析与讨论

1. 受访者性别

从受访者性别分布看,其中男性占 71.4%,女性占 28.6%,可见受访对象以男性为主,具体如表 5.1 所示。

表 5.1　受访者性别分布情况

性别	频次	所占百分比	有效百分比	累积百分比
男	395	71.4	71.4	71.4
女	158	28.6	28.6	100.0
合计	553	100.0	100.0	

2. 受访者年龄

从受访者年龄分布看,25 岁以下员工占 5.2%,26—30 岁员工占 14.3%,31—35 岁员工占 24.4%,36—40 岁员工占 28.9%,41—50 岁员工占 25.0%,51 岁以上员工占 2.2%,具体如表 5.2 所示,由此可以看出,受访者年龄分布较为合理。

表 5.2　受访者年龄分布情况

年龄	频次	所占百分比	有效百分比	累积百分比
25 岁以下	29	5.2	5.2	5.2
26—30 岁	79	14.3	14.3	19.5
31—35 岁	135	24.4	24.4	43.9
36—40 岁	160	28.9	28.9	72.9
41—50 岁	138	25.0	25.0	97.8
51 岁及以上	12	2.2	2.2	100.0
合计	553	100.0	100.0	

3. 受访者学历

从受访者学历分布看,大专以下占 28.6％,大专占 17.7％,本科占 36.7％,硕士占 15.9％,博士及以上占 1.1％,具体如表 5.3 所示,由此可见,受访对象的学历基本涵盖了博士以下的各个层次。

表 5.3　受访者学历分布情况

学历	频次	所占百分比	有效百分比	累积百分比
大专以下	158	28.6	28.6	28.6
大专	98	17.7	17.7	46.3
本科	203	36.7	36.7	83.0
硕士	88	15.9	15.9	98.9
博士及以上	6	1.1	1.1	100.0
合计	553	100.0	100.0	

4. 受访者月收入

从受访者月收入分布看,月收入在 1000 元以下的仅占 0.5％,1001—1500 元占 6.5％,1501—2000 元占 28.8％,2001—3000 元占 28.8％,3001—5000 元占 9.2％,5001 以上占 26.2％,如表 5.4 所示,由此可见,员工的月收入主要集中在 1500 元以上。

5. 受访者职位

从受访者职位分布看,基层技术工人占 3.8％,班组长占 30.9％,科员占 14.3％,技术人员占 26.8％,中层管理者占 20.1％,高层管理者占 4.2％,如表 5.5 所示,由此可见,受访对象的层次主要集中在班组长到中层管理者之间。

6. 受访者工作年限

从受访者工作年限分布看,1 年以下占 6.5％,1—3 年占 8.9％,4—6 年占 9.6％,7—10 年占 10.5％,11—20 年占 46.1％,21 年以上占 18.4％,如表 5.6 所示,由此可见,受访对象的工作年限主要集中在 7 年以上。

表 5.4　受访者月收入分布情况

月收入	频次	所占百分比	有效百分比	累积百分比
1000 元/月以下	3	0.5	0.5	0.5
1001—1500 元/月	36	6.5	6.5	7.1
1501—2000 元/月	159	28.8	28.8	35.8
2001—3000 元/月	159	28.8	28.8	64.6
3001—5000 元/月	51	9.2	9.2	73.8
5001 元/月以上	145	26.2	26.2	100.0
合计	553	100.0	100.0	

表 5.5　受访者职位分布情况

职位	频次	所占百分比	有效百分比	累积百分比
基层技术工人	21	3.8	3.8	3.8
班组长	171	30.9	30.9	34.7
科员	79	14.3	14.3	49.0
技术人员	148	26.8	26.8	75.8
中层管理者	111	20.1	20.1	95.8
高层管理者	23	4.2	4.2	100.0
合计	553	100.0	100.0	

表 5.6　受访者工作年限分布情况

工作年限	频次	所占百分比	有效百分比	累积百分比
1 年以下	36	6.5	6.5	6.5
1—3 年	49	8.9	8.9	15.4
4—6 年	53	9.6	9.6	25.0
7—10 年	58	10.5	10.5	35.4
11—20 年	255	46.1	46.1	81.6
21 年以上	102	18.4	18.4	100.0
合计	553	100.0	100.0	

7. 受访者所在部门

从受访者所在部门分布看,生产部门占 43.4%,研发部门占 10.3%,采购部门占 2.9%,工艺部门占 8.1%,质量部门占 6.9%,销售部门占 9.2%,其他部门占 19.2%,如表 5.7 所示,基本涵盖了企业的各个部门,但生产部门的比重较高。

表 5.7　受访者所在部门分布情况

所在部门	频次	所占百分比	有效百分比	累积百分比
生产部门	240	43.4	43.4	43.4
研发部门	57	10.3	10.3	53.7
采购部门	16	2.9	2.9	56.6
工艺部门	45	8.1	8.1	64.7
质量部门	38	6.9	6.9	71.6
销售部门	51	9.2	9.2	80.8
其他部门	106	19.2	19.2	100.0
合计	553	100.0	100.0	

8. 受访者所在组织性质

从受访者所在组织性质分布看,国有企业占 70.9%,民营企业占 14.6%,合资企业占 5.4%,其他企业占 9.0%,如表 5.8 所示,由此可见,大部分受访者集中在国有企业。

表 5.8　受访者所在组织性质分布情况

组织性质	频次	所占百分比	有效百分比	累积百分比
国有企业	392	70.9	70.9	70.9
民营企业	81	14.6	14.6	85.5
合资企业	30	5.4	5.4	91.0
其他	50	9.0	9.0	100.0
合计	553	100.0	100.0	

9. 受访者所在行业

从受访者所在行业分布看,电子、电器占 3.1%,生物医药占 0.9%,IT 行业占 10.7%,机械制造占 14.1%,咨询、金融、服务业占 6.9%,冶金与能源占 0.7%,石油化工占 4.3%,纺织服装占 49.4%,房地产占 0.5%,其他占 9.4%,如表 5.9 所示,由此可见,受访者所在行业主要集中在纺织服装、机械制造和 IT 行业。

表 5.9　受访者所在行业分布情况

所在行业	频次	所占百分比	有效百分比	累积百分比
电子、电器	17	3.1	3.1	3.1
生物医药	5	0.9	0.9	4.0
IT 行业	59	10.7	10.7	14.6

所在行业	频次	所占百分比	有效百分比	累积百分比
机械制造	78	14.1	14.1	28.8
咨询、金融、服务业	38	6.9	6.9	35.6
冶金与能源	4	0.7	0.7	36.3
石油化工	24	4.3	4.3	40.7
纺织服装	273	49.4	49.4	90.1
房地产	3	0.5	0.5	90.6
其他	52	9.4	9.4	100.0
合计	553	100.0	100.0	

5.2　独立样本 T 检验和方差分析

通常情况下,我们会把对研究产生影响的人口统计学变量作为控制变量,并需要对这些变量进行分析(赵鑫,2011)。本研究将员工的性别、年龄、学历、工作年限和职位作为控制变量。在具体分析之前,我们首先用独立样本 T 检验和单因素方差分析对研究样本做个基本判断。其中,对于员工的性别采用独立样本 T 检验,对于员工的年龄、学历、工作年限和职位采用单因素方差分析并进行两两比较,具体检验结果如表 5.10—5.18 所示。

1. 性别差异的独立样本 T 检验

表 5.10 独立样本 T 检验结果表明,在 95% 置信度水平下,性别差异对价值观匹配、需求-供给匹配、工作意义、自我效能、工作影响、创新构想产生、创新构想执行都是有显著差异的。其中,男性与组织的匹配程度更高、认为工作更有意义、自我效能感更高、工作影

响更大、也表现出更多的创新行为。这可能与中国文化中男性占主
导地位有关,长期以来人们形成了"男主外、女主内"的传统观念,这
可能导致了男性更注重工作和事业,女性更注重家庭,使得女性在企
业中总体地位不高,影响力小于男性,由于家庭的负担使得女性参加
学习的机会较少,因而对完成工作的信心和效果都有影响。

表 5.10　性别差异的独立样本 T 检验

变量	性别	均值	方差齐次检验		均值差异检验		是否存在显著差异
			F 值显著性	是否齐次	t 值显著性	均值差	
价值观匹配	男	3.9030	0.596	是	0.046	0.1772	是
	女	3.7257					
需求—供给匹配	男	3.6312	0.892	是	0.028	0.2198	是
	女	3.4114					
要求—能力匹配	男	4.0262	0.177	是	0.107	0.1485	否
	女	3.8776					
工作意义	男	4.1435	0.861	是	0.046	0.1667	是
	女	3.9768					
自主性	男	3.8641	0.687	是	0.687	0.0350	否
	女	3.8291					
自我效能	男	4.3865	0.004	否	0.041	0.1460	是
	女	4.2405					
工作影响	男	3.5443	0.784	是	0.002	0.3080	是
	女	3.2363					

变量	性别	均值	方差齐次检验		均值差异检验		是否存在显著差异
			F值显著性	是否齐次	t值显著性	均值差	
创新构想产生	男	4.1253	0.677	是	0.000	0.2543	是
	女	3.8710					
创新构想执行	男	4.2051	0.535	是	0.001	0.2620	是
	女	3.9430					
主管支持	男	4.0236	0.316	是	0.231	0.1038	否
	女	3.9198					
同事支持	男	4.3544	0.466	是	0.082	0.1150	否
	女	4.2395					

注:方差齐次检验和均值差异检验的显著性水平均为 0.05

2. 年龄的单因素方差分析

表 5.11 的单因素方差分析表明,在置信度 95% 的水平下,年龄对所有测量变量产生了显著的影响。也就是说,不同年龄的人在认同组织价值观、组织的供给与个体的需求、个体的能力与工作的要求等方面的匹配程度是不同的,同时,不同年龄的人对工作意义的认知、自主安排工作、自我效能感、工作影响、创新行为以及感知的主管支持与同事支持都是不同的。

表 5.12 为年龄两两多重比较结果。在置信度 95% 的水平下,本研究只把在统计上有显著差异的列出。从表中我们可以看出,26—30 岁的员工比较特殊,他们在所有的测量变量上都与其他年龄组的员工有显著差异,与 40 岁左右或者年龄更大的员工差异最为显著,他们在与组织的匹配程度、心理授权感、表现出的创新性以及在单位获得他人支持上,都比 40 岁左右或更高年龄的员工低。这可能

是因为 26—30 岁的员工是 80 后,由于计划生育政策使得 80 后员工大部分成为独生子女,他们个性强,习惯以自我为中心,人际交往的能力还有待于提高。另外,由于互联网的迅速发展,使得 80 后处在信息爆炸的时代,价值观有了巨大改变,计划经济向市场经济的转变以及就业的巨大压力使得 80 后处在不稳定的生活状态,这些可能都是造成 80 后员工不同于老员工的原因。25 岁以下的员工只在价值观匹配和创新构想执行方面与年龄较大员工表现出差异,其他方面则没有差异,这可能是因为这些员工与年龄较大员工相比,生活时代不同,因而价值观不同,但是他们非常年轻,刚刚参加工作,自我实现意识比较强,有独立想法,因而心理授权感强的原因。

表 5.11　年龄方差分析

变量	方差齐次检验		均值差异检验		是否存在显著差异
	显著性	是否齐次	F 值	显著性	
价值观匹配	0.379	是	7.841	0.000	是
需求—供给匹配	0.047	否	6.901	0.000	是
要求—能力匹配	0.005	否	7.170	0.000	是
工作意义	0.001	否	11.509	0.000	是
自主性	0.163	是	2.646	0.022	是
自我效能	0.006	否	4.586	0.000	是
工作影响	0.138	是	3.162	0.008	是
创新构想产生	0.106	是	3.634	0.003	是
创新构想执行	0.178	是	4.925	0.000	是
主管支持	0.188	是	2.638	0.023	是
同事支持	0.020	否	3.469	0.004	是

注:方差齐次检验和均值差异检验的显著性水平均为 0.05

表 5.12 年龄两两多重比较结果

变量	多重比较	(I)年龄	(J)年龄	均值差异(I−J)	Sig.
价值观匹配	LSD	25 岁以下	36—40 岁	−0.4772	0.010
			51 岁及以上	−0.7126	0.024
		26—30 岁	31—35 岁	−0.2891	0.026
			36—40 岁	−0.6760	0.000
			41—50 岁	−0.5370	0.000
价值观匹配	LSD	26—30 岁	51 岁及以上	−0.9114	0.001
		31—35 岁	36—40 岁	−0.3868	0.000
			41—50 岁	−0.2478	0.026
			51 岁及以上	−0.6222	0.024
需求—供给匹配	Tamhane	26—30 岁	36—40 岁	−0.6883	0.000
			41—50 岁	−0.5992	0.000
			51 岁及以上	−1.121	0.002
		31—35 岁	36—40 岁	−0.3995	0.025
			51 岁及以上	−0.8321	0.031
要求—能力匹配	Tamhane	26—30 岁	36—40 岁	−0.7144	0.000
			41—50 岁	−0.5456	0.004
			51 岁及以上	−0.9297	0.005
		31—35 岁	36—40 岁	−0.3699	0.012
工作意义	Tamhane	26—30 岁	25 岁以下	−0.4979	0.046
			31—35 岁	−0.5152	0.003
			36—40 岁	−0.7666	0.000
			41—50 岁	−0.7950	0.000
			51 岁及以上	−0.9979	0.014
		31—35 岁	51 岁及以上	−0.4827	0.036

第 5 章　数据分析与讨论

续表

变量	多重比较	(I)年龄	(J)年龄	均值差异(I−J)	Sig.
自主性	LSD	26—30 岁	31—35 岁	−0.4039	0.002
			36—40 岁	−0.2491	0.049
			41—50 岁	−0.3489	0.007
			51 岁及以上	−0.6484	0.023
自我效能	Tamhane	26—30 岁	41—50 岁	−0.3541	0.021
工作影响	LSD	25 岁以下	31—35 岁	−0.5582	0.010
			36—40 岁	−0.4873	0.022
		26—30 岁	31—35 岁	−0.4795	0.001
创新构想产生	LSD	26—30 岁	31—35 岁	−0.3636	0.001
			36—40 岁	−0.3552	0.001
			41—50 岁	−0.2627	0.012
			51 岁及以上	−0.6101	0.008
创新构想执行	LSD	25 岁以下	36—40 岁	−0.3387	0.034
		26—30 岁	31—35 岁	−0.3567	0.002
			36—40 岁	−0.4922	0.000
			41—50 岁	−0.3559	0.001
			51 岁及以上	−0.6832	0.005
主管支持	LSD	26—30 岁	31—35 岁	−0.3702	0.004
			36—40 岁	−0.4197	0.001
			41—50 岁	−0.3149	0.015
			51 岁及以上	−0.6048	0.033
同事支持	Tamhane	26—30 岁	36—40 岁	−0.3503	0.016
			51 岁及以上	−0.5125	0.017

注:均值差异检验的显著性水平为 0.05

3. 学历的单因素方差分析

表 5.13 的单因素方差分析表明,在置信度 95％的水平下,学历对价值观匹配、需求－供给匹配、要求－能力匹配、工作意义、自主性、自我效能、创新构想执行、主管支持和同事支持等因素产生了显著影响。

表 5.13　学历方差分析

变量	方差齐次检验		均值差异检验		是否存在显著差异
	显著性	是否齐次	F 值	显著性	
价值观匹配	0.429	是	15.200	0.000	是
需求－供给匹配	0.004	否	25.088	0.000	是
要求－能力匹配	0.004	否	14.678	0.000	是
工作意义	0.001	否	19.546	0.000	是
自主性	0.036	否	4.246	0.002	是
自我效能	0.000	否	9.514	0.000	是
工作影响	0.357	是	1.183	0.317	否
创新构想产生	0.115	是	2.330	0.055	否
创新构想执行	0.052	是	8.589	0.000	是
主管支持	0.003	否	21.070	0.000	是
同事支持	0.006	否	10.497	0.000	是

注:方差齐次检验和均值差异检验的显著性水平均为 0.05

表 5.14 为学历两两多重比较结果,从表 5.14 可以看出,在置信度 95％的水平下,本科以下的员工在价值观匹配、需求－供给匹配、要求－能力匹配、工作意义、自主性、自我效能、创新构想执行、主管支持和同事支持方面要显著高于本科以上的员工。这可能是因为过

去教育资源匮乏,年龄较大的员工接受的学校教育较少,因而导致学历层次较低,但是这些员工通过多年的工作,积累了丰富的职业技能,在组织中可能也从事管理者的工作,因此对组织的整体认同感更高。

表 5.14　学历两两多重比较结果

变量	多重比较	(I)学历	(J)学历	均值差异(I－J)	Sig.
价值观匹配	LSD	大专以下	本科	0.5868	0.000
			硕士	0.7283	0.000
			博士及以上	1.1765	0.002
		大专	本科	0.3853	0.001
			硕士	0.5268	0.000
			博士及以上	0.9751	0.010
需求－供给匹配	Tamhane	大专以下	本科	0.8024	0.000
			硕士	1.1240	0.000
		大专	本科	0.5107	0.001
			硕士	0.8323	0.000
要求－能力匹配	Tamhane	大专以下	本科	0.6558	0.000
			硕士	0.7136	0.000
工作意义	Tamhane	大专以下	本科	0.6199	0.000
			硕士	0.8443	0.000
		大专	本科	0.3398	0.031
			硕士	0.5642	0.000
自主性	Tamhane	大专以下	本科	0.3176	0.005
			硕士	0.4480	0.004

续表

变量	多重比较	(I)学历	(J)学历	均值差异(I−J)	Sig.
自我效能	Tamhane	大专以下	本科	0.4129	0.000
			硕士	0.3685	0.000
创新构想执行	LSD	大专以下	本科	0.3523	0.000
			硕士	0.4095	0.000
			博士及以上	0.8931	0.006
		大专	本科	0.3345	0.001
			硕士	0.3917	0.001
			博士及以上	0.8753	0.008
主管支持	Tamhane	大专以下	大专	0.3441	0.015
			本科	0.5885	0.000
			硕士	0.9136	0.000
		大专	硕士	0.5695	0.000
同事支持	Tamhane	大专以下	本科	0.3226	0.000
			硕士	0.5119	0.000
		大专	硕士	0.3837	0.010

注:均值差异检验的显著性水平为 0.05

4. 工作年限的单因素方差分析

表 5.15 的单因素方差分析表明,在置信度 95% 的水平下,员工工作年限对所有的测量变量都产生了显著的影响。也就是说,不同工作年限的员工在价值观匹配、需求−供给匹配、要求−能力匹配、工作意义、自主性、自我效能、工作影响、创新行为、主管支持和同事支持方面的感知是不同的。

表 5.15　工作年限方差分析

变量	方差齐次检验		均值差异检验		是否存在显著差异
	显著性	是否齐次	F 值	显著性	
价值观匹配	0.178	是	9.925	0.000	是
需求－供给匹配	0.055	是	7.628	0.000	是
要求－能力匹配	0.187	是	6.996	0.000	是
工作意义	0.091	是	13.826	0.000	是
自主性	0.002	否	2.672	0.021	是
自我效能	0.001	否	8.752	0.000	是
工作影响	0.083	是	4.422	0.001	是
创新构想产生	0.962	是	5.140	0.000	是
创新构想执行	0.930	是	6.778	0.000	是
主管支持	0.370	是	8.322	0.000	是
同事支持	0.004	否	10.881	0.000	是

注：方差齐次检验和均值差异检验的显著性水平均为 0.05

表 5.16 为工作年限两两多重比较结果。在置信度 95％的水平下，本研究只把在统计上有显著差异的列出。从表中我们可以看出，工作 10 年以上的员工在价值观匹配、需求－供给匹配、要求－能力匹配、工作意义、自我效能、工作影响、创新行为、主管支持和同事支持等方面的感知都显著高于工作 10 年以下的员工。这可能是因为在一个组织中工作时间越长，对组织的情感越深厚，认同感也更高的关系。

表 5.16 工作年限两两多重比较结果

变量	多重比较	工作年限(I)	工作年限(J)	均值差异(I-J)	Sig.
价值观 匹配	LSD	1 年以下	11—20 年	-0.5905	0.000
			21 年以上	-0.5343	0.003
		1—3 年	11—20 年	-0.6478	0.000
			21 年以上	-0.5916	0.000
		4—6 年	11—20 年	-0.6602	0.000
			21 年以上	-0.6040	0.000
		7—10 年	11—20 年	-0.3903	0.003
			21 年以上	-0.3341	0.026
需求— 供给匹配	LSD	1 年以下	11—20 年	-0.4633	0.012
			21 年以上	-0.4973	0.013
		1—3 年	11—20 年	-0.7027	0.000
			21 年以上	-0.7367	0.000
		4—6 年	11—20 年	-0.3541	0.023
			21 年以上	-0.3881	0.027
		7—10 年	11—20 年	-0.5894	0.000
			21 年以上	-0.6234	0.000
要求— 能力匹配	LSD	1 年以下	11—20 年	-0.4370	0.010
		1—3 年	4—6 年	-0.4216	0.026
			11—20 年	-0.6812	0.000
			21 年以上	-0.5622	0.001
		7—10 年	11—20 年	-0.5571	0.000
			21 年以上	-0.4381	0.005

续表

变量	多重比较	工作年限（I）	工作年限（J）	均值差异（I－J）	Sig.
工作意义	LSD	1 年以下	11－20 年	－0.5532	0.000
			21 年以上	－0.5381	0.001
		1－3 年	4－6 年	－0.3504	0.036
			11－20 年	－0.7886	0.000
			21 年以上	－0.7736	0.000
		4－6 年	11－20 年	－0.4382	0.001
			21 年以上	－0.4232	0.003
		7－10 年	11－20 年	－0.6285	0.000
			21 年以上	－0.6135	0.000
自我效能	Tamhane	1 年以下	11－20 年	－0.5272	0.019
		1－3 年	11－20 年	－0.5310	0.003
			21 年以上	－0.4559	0.027
工作影响	LSD	1 年以下	1－3 年	－0.5476	0.017
			4－6 年	－0.8333	0.000
			7－10 年	－0.7069	0.002
			11－20 年	－0.7392	0.000
			21 年以上	－0.4314	0.034
		4－6 年	21 年以上	0.4020	0.024
		11－20 年	21 年以上	0.3078	0.012

变量	多重比较	工作年限（I）	工作年限（J）	均值差异（I−J）	Sig.
创新构想产生	LSD	1 年以下	11—20 年	−0.3667	0.005
		1—3 年	4—6 年	−0.3144	0.032
			11—20 年	−0.4908	0.000
			21 年以上	−0.2884	0.025
		7—10 年	11—20 年	−0.2453	0.023
		11—20 年	21 年以上	0.2025	0.019
创新构想执行	LSD	1 年以下	11—20 年	−0.4171	0.003
			21 年以上	−0.3197	0.036
		1—3 年	11—20 年	−0.5144	0.000
			21 年以上	−0.4170	0.002
		4—6 年	11—20 年	−0.3533	0.003
		7—10 年	11—20 年	−0.4002	0.000
			21 年以上	−0.3028	0.019
主管支持	LSD	1 年以下	11—20 年	−0.3949	0.013
			21 年以上	−0.3671	0.034
		1—3 年	4—6 年	−0.4722	0.008
			11—20 年	−0.6702	0.000
			21 年以上	−0.6424	0.000
		4—6 年	7—10 年	0.3763	0.027
		7—10 年	11—20 年	−0.5743	0.000
			21 年以上	−0.5465	0.000

续表

变量	多重比较	工作年限(I)	工作年限(J)	均值差异(I−J)	Sig.
同事支持	Tamhane	1 年以下	11—20 年	−0.4982	0.028
		1—3 年	11—20 年	−0.5557	0.000
			21 年以上	−0.4946	0.006
		7—10 年	11—20 年	−0.4556	0.002
			21 年以上	−0.3945	0.024

注:均值差异检验的显著性水平为 0.05

5. 职位的单因素方差分析

表 5.17 的单因素方差分析表明,在置信度 95% 的水平下,员工在组织中的职位对所有的测量变量都产生了显著影响。也就是说,不同职位的员工在价值观匹配、需求−供给匹配、要求−能力匹配、工作意义、自主性、自我效能、工作影响、创新构想产生、创新构想执行、主管支持和同事支持等方面有显著不同。

表 5.17　职位方差分析

变量	方差齐次检验		均值差异检验		是否存在显著差异
	显著性	是否齐次	F 值	显著性	
价值观匹配	0.825	是	5.551	0.000	是
需求−供给匹配	0.213	是	7.502	0.000	是
要求−能力匹配	0.038	否	5.492	0.000	是
工作意义	0.014	否	8.403	0.000	是
自主性	0.815	是	3.228	0.007	是
自我效能	0.171	是	5.059	0.000	是

变量	方差齐次检验		均值差异检验		是否存在显著差异
	显著性	是否齐次	F 值	显著性	
工作影响	0.091	是	19.160	0.000	是
创新构想产生	0.287	是	3.136	0.008	是
创新构想执行	0.085	是	3.323	0.006	是
主管支持	0.000	否	12.993	0.000	是
同事支持	0.035	否	6.555	0.000	是

注:方差齐次检验和均值差异检验的显著性水平均为 0.05

表 5.18 为职位两两多重比较结果。在置信度 95％的水平下，本研究只把在统计上有显著差异的列出。从表中我们可以看出，基层技术工人在与组织匹配程度、心理授权感、创新行为等方面与其他职位员工差异较大。这可能与目前工人的地位较低有关，因而他们组织认同感低，工作积极性不高。

表 5.18　职位两两多重比较结果

变量	多重比较	(I)职位	(J)职位	均值差异(I−J)	Sig.
价值观匹配	LSD	基层技术工人	班组长	−0.8318	0.000
			科员	−0.4591	0.044
			技术人员	−0.6469	0.003
			高层管理者	−0.2791	0.032
		班组长	科员	0.3727	0.003
			中层管理者	0.4461	0.000
		技术人员	中层管理者	0.2613	0.025

变量	多重比较	（I）职位	（J）职位	均值差异（I－J）	Sig.
需求－ 供给匹配	LSD	基层技术工人	班组长	－1.1167	0.000
			科员	－0.6452	0.011
			技术人员	－0.7289	0.003
			中层管理者	－0.5487	0.026
			高层管理者	－0.7716	0.013
		班组长	科员	0.4715	0.001
			技术人员	0.3878	0.001
			中层管理者	0.5680	0.000
要求－ 能力匹配	Tamhane	基层技术工人	班组长	－0.9619	0.030
			技术人员	－0.9470	0.035
工作意义	Tamhane	基层技术工人	班组长	－1.0309	0.006
		班组长	科员	0.4181	0.018
			技术人员	0.2878	0.024
			中层管理者	0.4732	0.000
自主性	LSD	基层技术工人	班组长	－0.5751	0.007
			中层管理者	－0.5015	0.021
		班组长	科员	0.2727	0.029
			技术人员	0.3168	0.002
		技术人员	中层管理者	－0.2432	0.034

续表

变量	多重比较	(I)职位	(J)职位	均值差异(I−J)	Sig.
自我效能	LSD	基层技术工人	班组长	−0.5996	0.000
			技术人员	−0.3698	0.022
			中层管理者	−0.3698	0.025
		班组长	科员	0.3335	0.000
			技术人员	0.2298	0.003
			中层管理者	0.2298	0.007
			高层管理者	0.3187	0.039
工作影响	LSD	基层技术工人	班组长	−0.9964	0.000
			技术人员	−0.7464	0.001
			中层管理者	−1.4603	0.000
			高层管理者	−1.6052	0.000
		班组长	科员	0.6542	0.000
			技术人员	0.2500	0.024
			中层管理者	−0.4639	0.000
			高层管理者	−0.6089	0.006
		科员	技术人员	−0.4042	0.003
			中层管理者	−1.1181	0.000
			高层管理者	−1.2631	0.000
		技术人员	中层管理者	−0.7140	0.000
			高层管理者	−0.8589	0.000

第 5 章　数据分析与讨论

续表

变量	多重比较	(I)职位	(J)职位	均值差异(I−J)	Sig.
创新构想产生	LSD	基层技术工人	班组长	−0.3960	0.022
			中层管理者	−0.4295	0.016
			高层管理者	−0.4699	0.037
		班组长	科员	0.2934	0.004
		科员	技术人员	−0.2321	0.025
			中层管理者	−0.3269	0.003
			高层管理者	−0.3674	0.037
创新构想执行	LSD	基层技术工人	班组长	−0.5093	0.006
			技术人员	−0.4251	0.022
			中层管理者	−0.3891	0.040
		班组长	科员	0.3609	0.001
		科员	技术人员	−0.2767	0.013
			中层管理者	−0.2406	0.040
主管支持	Tamhane	基层技术工人	班组长	−0.1037	0.004
		班组长	科员	0.6313	0.000
			技术人员	0.3714	0.001
			中层管理者	0.5884	0.000
			高层管理者	0.8927	0.021
同事支持	Tamhane	班组长	科员	0.3108	0.040
			中层管理者	0.3314	0.001

注:均值差异检验的显著性水平为 0.05

5.3 测量量表的信度与效度分析

根据前文所述,我们已经知道,在研究中需要对量表的信度和效度进行分析。本研究在大规模调研数据的基础上,对量表的信度和效度进行了检验。具体的检验结果如下所述。

5.3.1 信度分析

本研究采用 Cronbach's α 系数来评价量表的信度,并根据 Nunnally(1978)的研究建议,α 系数高于 0.70 属于高信度;介于 0.50 与 0.70 之间的信度可以接受;低于 0.35 属于低信度,应拒绝使用。

我们使用 SPSS 16.0 统计软件对本文中使用的各个量表进行了信度分析。分析结果显示,各量表的 Cronbach's α 系数均在 0.8 以上,说明各量表均有较高的信度。

1. 人—组织匹配量表的信度分析

表 5.19 人—组织匹配量表的信度分析

变量	维度	题项	维度 Cronbach's α	变量 Cronbach's α
人—组织匹配 (A)	价值观匹配 (A1)	A11 A12 A13	0.914	0.938
	需求—供给匹配 (A2)	A21 A22 A23	0.892	
	要求—能力匹配 (A3)	A31 A32 A33	0.904	

人－组织匹配构念包括价值观匹配、需求－供给匹配和要求－能力匹配三个维度,我们对人－组织匹配量表及各个维度的分量表分别进行了信度分析,分析结果如表 5.19 所示。从表中可以看出,人－组织匹配的 Cronbach's α 值为 0.938,价值观匹配、需求－供给匹配和要求－能力匹配的 Cronbach's α 值分别为 0.914、0.892、0.904,均在 0.8 以上,说明人－组织匹配量表以及各个维度的分量表均具有很高的信度。

2. 心理授权量表的信度分析

表 5.20　心理授权量表的信度分析

变量	维度	题项	维度 Cronbach's α	变量 Cronbach's α
心理授权（B）	工作意义（B1）	B11 B12 B13	0.876	0.899
	自主性（B2）	B21 B22 B23	0.859	
	自我效能（B3）	B31 B32 B33	0.854	
	工作影响（B4）	B41 B42 B43	0.931	

心理授权量表的信度分析结果如表 5.20 所示。从表 5.20 中可以看出,心理授权的 Cronbach's α 值为 0.899,各个维度的 Cronbach's α 值为工作意义 0.876、自主性 0.859、自我效能 0.854、

工作影响 0.931,均大于 0.8,说明心理授权量表及其各个维度分量表均具有很好的信度。

3. 员工创新行为量表的信度分析

表 5.21　员工创新行为量表的信度分析

变量	维度	题项	维度 Cronbach's α	变量 Cronbach's α
员工创新行为（C）	创新构想产生（C1）	C11 C12 C13 C14 C15 C16 C17 C18	0.936	0.939
	创新构想执行（C2）	C21 C22 C23 C24	0.827	

员工创新行为量表的信度分析结果如表 5.21 所示。从表 5.21 中可以看出,员工创新行为的 Cronbach's α 值为 0.939,创新构想产生的 Cronbach's α 值为 0.936,创新构想执行的 Cronbach's α 值为 0.827,均大于 0.8,说明员工创新行为量表及其各个分量表均具有良好的信度。

4. 主管支持量表的信度分析

表 5.22　主管支持量表的信度分析

变量	题项	Cronbach's α
主管支持(D)	D11 D12 D13 D14 D15 D16	0.945

主管支持量表的信度分析结果如表 5.22 所示。从表 5.22 中可以看出,主管支持的 Cronbach's α 值为 0.945,大于 0.9,说明主管支持量表具有良好的信度。

5. 同事支持量表的信度分析

表 5.23　同事支持量表的信度分析

变量	题项	Cronbach's α
同事支持(E)	E11 E12 E13 E14 E15 E16 E17	0.903

同事支持量表的信度分析结果如表 5.23 所示。从表 5.23 中可

以看出,同事支持的 Cronbach's α 值为 0.903,大于 0.9,说明同事支持量表具有良好的信度。

5.3.2 效度分析

根据前文所述,本文从内容效度和构念效度两个方面来对量表的效度进行检验。对内容效度的检验,我们请了 5 位人力资源管理与组织行为学领域的教授和博士生,以小组座谈的方式,共同来分析所设计的问卷,修改不合适的题项。

构念效度是通过收敛效度和判别效度两项指标来进行测量。收敛效度是通过计算各构念的组合信度 CR 值和平均方差抽取量 AVE 值来评价。本研究首先使用 AMOS16.0 软件对各构念进行了验证性因子分析,以此得到了各个题项的标准化因子载荷,然后又以此为基础分别计算出了 CR 值和 AVE 值。我们根据 Fornell 和 Larcker(1981)的标准来进行评价,即当各个题项的标准化因子载荷大于 0.5,且各潜变量的 CR 值大于 0.7,AVE 值大于 0.5 时,则该量表具有良好的收敛效度。

组合信度 CR 的计算公式为:

$$CR = (\sum\lambda)^2/[(\sum\lambda)^2 + \sum\theta] \qquad (5\text{-}1)$$

平均方差抽取量的计算公式为:

$$AVE = \sum\lambda^2/(\sum\lambda^2 + \sum\theta) \qquad (5\text{-}2)$$

其中,λ 为标准化的因子载荷值(Indicator Loading),θ 为观测变量的误差变异量(Indicator Error Variances)。

此外,我们根据每个潜变量的 AVE 值的平方根必须大于各个构念间的相关系数作为判断标准,对各量表的判别效度进行了检验。结果表明,本研究所采用的量表均具有良好的收敛效度和判别效度。

1. 各量表的收敛效度分析

人—组织匹配量表:本文首先利用 AMOS 软件对人—组织匹配

量表进行了验证性因子分析,得出了各个题项的标准化因子载荷,然后根据公式计算出了 CR 和 AVE 值。结果表明,各个题项的标准化因子载荷均高于 0.5,各维度 CR 值均高于 0.7,AVE 值均高于 0.5,具体情况如表 5.24 所示,说明人－组织匹配量表具有良好的收敛效度。

表 5.24　人－组织匹配量表的收敛效度分析

构念	测量维度	题项	标准化因子载荷	CR	AVE
人－组织匹配（A）	价值观匹配（A1）	A11	0.900	0.915	0.783
		A12	0.900		
		A13	0.854		
	需求－供给匹配（A2）	A21	0.867	0.892	0.733
		A22	0.880		
		A23	0.820		
	要求－能力匹配（A3）	A31	0.849	0.905	0.761
		A32	0.901		
		A33	0.867		

　　心理授权量表:本文利用 AMOS 软件对心理授权构念的测量量表进行了验证性因子分析,得出了各个题项的标准化因子载荷,并计算出 CR 和 AVE 值,结果表明,各个题项的标准化因子载荷均高于 0.5,各维度 CR 值均高于 0.7,AVE 值均高于 0.5,具体情况如表 5.25 所示,说明心理授权量表具有良好的收敛效度。

表 5.25　心理授权量表的收敛效度分析

构念	测量维度	题项	标准化因子载荷	CR	AVE
心理授权 （B）	工作意义 （B1）	B11 B12 B13	0.893 0.879 0.751	0.880	0.711
	自主性 （B2）	B21 B22 B23	0.773 0.910 0.798	0.868	0.688
	自我效能 （B3）	B31 B32 B33	0.702 0.932 0.828	0.864	0.682
	工作影响 （B4）	B41 B42 B43	0.829 0.949 0.939	0.933	0.823

员工创新行为量表：本文利用 AMOS 软件对员工创新行为构念的测量量表进行了验证性因子分析，得出各个题项的标准化因子载荷，并计算出 CR 和 AVE 值。结果表明，各个题项的标准化因子载荷均高于 0.5，各维度 CR 值均高于 0.7，AVE 值均高于 0.5，具体情况如表 5.26 所示，说明员工创新行为量表具有良好的收敛效度。

主管支持量表：本文利用 AMOS 软件对主管支持构念的测量量表进行了验证性因子分析，得出各个题项的标准化因子载荷，并计算出 CR 和 AVE 值。结果表明，各个题项的标准化因子载荷均高于 0.5，CR 值为 0.946，高于 0.7，AVE 值为 0.744，高于 0.5，具体情况如表 5.27 所示，说明主管支持量表具有良好的收敛效度。

表 5.26　员工创新行为量表的收敛效度分析

构念	测量维度	题项	标准化因子载荷	CR	AVE
员工创新行为（C）	创新构想产生（C1）	C11	0.755	0.936	0.646
		C12	0.759		
		C13	0.835		
		C14	0.796		
		C15	0.823		
		C16	0.809		
		C17	0.836		
		C18	0.812		
	创新构想执行（C2）	C21	0.536	0.848	0.591
		C22	0.860		
		C23	0.886		
		C24	0.743		

表 5.27　主管支持量表的收敛效度分析

构念	题项	标准化因子载荷	CR	AVE
主管支持（D）	D11	0.873	0.946	0.744
	D12	0.890		
	D13	0.905		
	D14	0.883		
	D15	0.792		
	D16	0.826		

同事支持量表：本文利用 AMOS 软件对同事支持构念的测量量表进行了验证性因子分析，各个题项的标准化因子载荷，由此计算出 CR 和 AVE 值。研究结果表明，该量表各个题项的标准化因子载荷

均高于 0.5,CR 值为 0.920,高于 0.7,AVE 值为 0.628,高于 0.5,具体情况如表 5.28 所示,说明同事支持量表具有良好的收敛效度。

表 5.28　同事支持量表的收敛效度分析

构念	题项	标准化因子载荷	CR	AVE
同事支持(E)	E11	0.826	0.920	0.628
	E12	0.825		
	E13	0.860		
	E14	0.817		
	E15	0.812		
	E16	0.839		
	E17	0.511		

2. 各量表的判别效度分析

我们是根据学者 Fornell 和 Larcker(1981)提出的检验判别效度的方法,首先计算了每个潜变量的 AVE 值的平方根,然后计算出各个构念间的相关系数,当 AVE 值的平方根大于各构念所在的行与列的相关系数时,各量表即具有良好的判别效度。通过表 5.29 可以看出,本研究中所采用的各量表均具有很好的判别效度。

表 5.29　量表的判别效度检验与描述性统计变量

	均值	标准差	价值观匹配	需求—供给匹配	要求—能力匹配	工作意义	自主性	自我效能	工作影响	创新构想产生	创新构想执行	主管支持	同事支持
价值观匹配	3.852	0.944	0.885										
需求—供给匹配	3.568	1.061	0.733**	0.856									
要求—能力匹配	3.984	0.979	0.645**	0.713**	0.872								
工作意义	4.096	0.886	0.643**	0.653**	0.628**	0.843							
自主性	3.854	0.923	0.451**	0.493**	0.412**	0.561**	0.829						
自我效能	4.345	0.705	0.398**	0.342**	0.509**	0.527**	0.445**	0.825					
工作影响	3.456	1.062	0.364**	0.426**	0.357**	0.342**	0.495**	0.325**	0.907				
创新构想产生	4.053	0.751	0.440**	0.417**	0.456**	0.547**	0.530**	0.556**	0.442**	0.804			
创新构想执行	4.130	0.803	0.540**	0.475**	0.522**	0.558**	0.443**	0.509**	0.397**	0.737**	0.769		
主管支持	3.994	0.920	0.523**	0.552**	0.496**	0.578**	0.557**	0.413**	0.362**	0.492**	0.432**	0.863	
同事支持	4.322	0.702	0.447**	0.390**	0.449**	0.583**	0.498**	0.573**	0.296**	0.615**	0.574**	0.617**	0.830

** 表示显著性水平为 0.01，对角线以下的数据为各潜变量间的相关系数值，对角线上的数据为 AVE 值的平方根。

5.4　相关分析

相关分析是研究变量或现象之间是否存在某种依存关系的统计方法,通常用 Pearson 系数来表示相关程度。本文将通过相关分析,来探讨人－组织匹配、心理授权、员工创新行为之间的相关性与相关程度。

5.4.1　人－组织匹配与员工创新行为的相关分析

人－组织匹配及三个维度(价值观匹配、需求－供给匹配、要求－能力匹配)与员工创新行为及两个维度(创新构想产生、创新构想执行)之间的相关性分析结果如表 5.30 所示。

表 5.30　人－组织匹配与员工创新行为的相关分析

变量	人－组织匹配	价值观匹配	需求－供给匹配	要求－能力匹配
员工创新行为	0.543**	0.496**	0.459**	0.503**
创新构想产生	0.489**	0.440**	0.417**	0.456**
创新构想执行	0.572**	0.540**	0.475**	0.522**

$**$ 表示在 0.01 水平下显著相关(双尾检验)

从表 5.30 可知,人－组织匹配与员工创新行为之间呈显著的正相关关系。其中,价值观匹配、需求－供给匹配和要求－能力匹配分别与创新构想产生和创新构想执行呈显著的正相关关系。

5.4.2　人－组织匹配与心理授权的相关分析

人－组织匹配及三个维度(价值观匹配、需求－供给匹配、要求－能力匹配)与心理授权及四个维度(工作意义、自主性、自我效能、工作影响)之间的相关性分析结果如表5.31所示。

表5.31　人－组织匹配与心理授权的相关分析

变量	人－组织匹配	价值观匹配	需求－供给匹配	要求－能力匹配
心理授权	0.688**	0.603**	0.630**	0.610**
工作意义	0.718**	0.643**	0.653**	0.628**
自主性	0.507**	0.451**	0.493**	0.412**
自我效能	0.463**	0.398**	0.342**	0.509**
工作影响	0.429**	0.364**	0.426**	0.357**

** 表示在0.01水平下显著相关(双尾检验)

从表5.31可知,人－组织匹配与心理授权之间呈显著的正相关关系。其中,价值观匹配、需求－供给匹配和要求－能力匹配分别与工作意义、自主性、自我效能和工作影响之间具有显著的正相关关系。

5.4.3　心理授权与员工创新行为的相关分析

心理授权及四个维度(工作意义、自主性、自我效能、工作影响)与员工创新行为及两个维度(创新构想产生、创新构想执行)之间的相关性分析结果如表5.32所示。

表 5.32　心理授权与员工创新行为的相关分析

变量	心理授权	工作意义	自主性	自我效能	工作影响
员工创新行为	0.692**	0.582**	0.535**	0.574**	0.455**
创新构想产生	0.669**	0.547**	0.530**	0.556**	0.442**
创新构想执行	0.614**	0.558**	0.443**	0.509**	0.397**

** 表示在 0.01 水平下显著相关（双尾检验）

从表 5.32 可知,员工创新行为与心理授权之间呈显著的正相关关系。其中工作意义、自主性、自我效能和工作影响分别与创新构想产生、创新构想执行之间也具有显著的正相关关系。

5.5　假设检验

前面我们利用相关分析对主要变量之间的关系进行了简单的分析,但是相关分析并不能说明变量的影响方向和影响程度,因此还需要用回归分析来判断变量之间的具体关系。本节将利用回归分析,对第 3 章所提出的假设进行检验。

在回归方法上,本研究采用分层多元回归法。在进行回归分析之前,我们需要将人口统计学控制变量中的类别变量转化成虚拟变量(Dummy Variable)形式,具体设置如表 5.33 所示:

表 5.33　虚拟变量的设置

		Gender
性别	男	1
	女	0

续表

		Age1	Age2	Age3	Age4	Age5
年龄	25 岁以下	1	0	0	0	0
	26—30 岁	0	1	0	0	0
	31—35 岁	0	0	1	0	0
	36—40 岁	0	0	0	1	0
	41—50 岁	0	0	0	0	1
	51 岁及以上	0	0	0	0	0
		Edu1	Edu2	Edu3	Edu4	
学历	大专以下	1	0	0	0	
	大专	0	1	0	0	
	本科	0	0	1	0	
	硕士	0	0	0	1	
	博士及以上	0	0	0	0	
		Ten1	Ten2	Ten3	Ten4	Ten5
工作年限	1 年以下	1	0	0	0	0
	1—3 年	0	1	0	0	0
	4—6 年	0	0	1	0	0
	7—10 年	0	0	0	1	0
	11—20 年	0	0	0	0	1
	21 年以上	0	0	0	0	0
		Pos1	Pos2	Pos3	Pos4	Pos5
职位	基层技术工人	1	0	0	0	0
	班组长	0	1	0	0	0
	科员	0	0	1	0	0
	技术人员	0	0	0	1	0
	中层管理者	0	0	0	0	1
	高层管理者	0	0	0	0	0

5.5.1 人－组织匹配与员工创新行为

1. 人－组织匹配对员工创新行为的直接影响

为了检验人－组织匹配对员工创新行为的影响关系,我们采用两步分层回归的方法,第一步用控制变量对员工创新行为进行回归,第二步加入自变量人－组织匹配,对员工创新行为进行回归。通过观察$\triangle R^2$的显著性来检验人－组织匹配对员工创新行为的影响,如表 5.34 所示。

表 5.34　人－组织匹配对员工创新行为的回归分析

变量	因变量:员工创新行为			
	第一步		第二步	
控制变量	BETA 值	T 值	BETA 值	T 值
GENDER	−0.110*	−2.477	−0.092*	−0.408
AGE1	−0.005	−0.053	−0.020	−0.261
AGE2	−0.098	−0.797	−0.031	−0.289
AGE3	−0.058	−0.415	0.018	0.150
AGE4	−0.106	−0.751	−0.082	−0.670
AGE5	−0.115	−0.877	−0.096	−0.852
EDU1	0.563**	2.779	0.126	0.709
EDU2	0.452**	2.701	0.167	1.148
EDU3	0.394	1.921	0.198	1.118
EDU4	0.265	1.735	0.176	1.333
TEN1	−0.038	−0.552	−0.046	−0.779

变量	因变量:员工创新行为			
	第一步		第二步	
TEN2	−0.075	−1.095	−0.087	−1.469
TEN3	0.022	0.336	−0.010	−0.181
TEN4	−0.015	−0.224	−0.048	−0.839
TEN5	0.144*	2.042	0.062	1.019
POS1	−0.126*	−2.002	−0.008	−0.152
POS2	−0.310*	−2.372	−0.079	−0.698
POS3	−0.218*	−2.307	−0.100	−1.222
POS4	−0.175	−1.559	−0.076	−0.778
POS5	−0.059	−0.622	0.023	0.286
自变量				
人−组织匹配			0.543***	13.633
F 值	3.504***		13.346***	
R^2	0.116		0.345	
AdJ. R^2	0.083		0.320	
$\triangle R^2$	0.116***		0.229***	

注: *** 表示在 0.001 水平下显著, ** 表示在 0.01 水平下显著, * 表示在 0.05 水平下显著

从表 5.34 可以看出,控制了人口统计学变量后,人−组织匹配对员工创新行为因变量做出了新的贡献,解释的变异量增加了 22.9%,并且 F 值在 0.001 的水平下显著。同时,人−组织匹配对员工创新行为的回归系数 β 值为 0.543,大于 0,且在 0.001 水平下显著,所以人−组织匹配对员工创新行为有直接显著的正向影响,即

假设 H1 成立。

2. 人－组织匹配各维度对员工创新行为的影响

如前所述，人－组织匹配包括价值观匹配、需求－供给匹配和要求－能力匹配三个维度。我们将按照前文所述的两步分层回归法对人－组织匹配的三个维度与员工创新行为之间的关系进行验证，第一步用控制变量对员工创新行为进行回归，第二步加入自变量价值观匹配、需求－供给匹配和要求能力匹配，对员工创新行为进行回归。通过观察 $\triangle R^2$ 的显著性来检验人－组织匹配的三个维度对员工创新行为的影响，如表 5.35 所示。

表 5.35　人－组织匹配各维度对员工创新行为的回归分析

变量	因变量：员工创新行为			
	第一步		第二步	
控制变量	Beta 值	t 值	Beta 值	t 值
GENDER	−0.110*	−2.477	−0.094*	−2.457
AGE1	−0.005	−0.053	−0.016	−0.200
AGE2	−0.098	−0.797	−0.029	−0.275
AGE3	−0.058	−0.415	0.014	0.115
AGE4	−0.106	−0.751	−0.092	−0.757
AGE5	−0.115	−0.877	−0.102	−0.908
EDU1	0.563**	2.779	0.090	0.509
EDU2	0.452**	2.701	0.141	0.974
EDU3	0.394	1.921	0.159	0.896
EDU4	0.265	1.735	0.132	0.997
TEN1	−0.038	−0.552	−0.048	−0.815

续表

变量	因变量:员工创新行为			
	第一步		第二步	
TEN2	−0.075	−1.095	−0.088	−1.494
TEN3	0.022	0.336	−0.007	−0.124
TEN4	−0.015	−0.224	−0.051	−0.903
TEN5	0.144*	2.042	0.056	0.927
POS1	−0.126*	−2.002	−0.012	−0.217
POS2	−0.310*	−2.372	−0.077	−0.681
POS3	−0.218*	−2.307	−0.105	−1.293
POS4	−0.175	−1.559	−0.094	−0.969
POS5	−0.059	−0.622	0.022	0.268
自变量				
价值观匹配			0.261***	4.750
需求−供给匹配			0.067	1.097
要求−能力匹配			0.285***	5.275
F 值	3.504***		12.570***	
R^2	0.116		0.353	
Adj. R^2	0.083		0.325	
$\triangle R^2$	0.116***		0.237***	

注:*** 表示在 0.001 水平下显著,** 表示在 0.01 水平下显著,* 表示在 0.05 水平下显著

从表 5.35 可以看出,控制了人口统计学变量后,价值观匹配和要求−能力匹配对员工创新行为的解释做出了新的贡献,解释的变异量增加了 23.7%,并且 F 值在 0.001 的水平下显著。同时,价值

观匹配对员工创新行为的回归系数 β 值为 0.261,大于 0,且在 0.001 水平下显著,所以价值观匹配对员工创新行为有直接显著的正向影响,即假设 H1a 成立;需求－供给匹配显著性水平大于 0.05,说明需求－供给匹配对员工创新行为没有显著影响,假设 H1b 不成立;要求－能力匹配回归系数 β 值为 0.285,大于 0,且在 0.001 水平下显著,所以要求－能力匹配对员工创新行为有直接显著的正向影响,即假设 H1c 成立。

5.5.2　人－组织匹配与心理授权

1. 人－组织匹配对心理授权的直接影响

为了检验人－组织匹配对心理授权的影响,我们采用两步分层回归的方法,第一步用控制变量对心理授权进行回归,第二步加入自变量人－组织匹配,对心理授权进行回归。通过观察 $\triangle R^2$ 的显著性来检验人－组织匹配对心理授权的影响,如表 5.36 所示。

表 5.36　人－组织匹配对心理授权的回归分析

变量	因变量:心理授权			
	第一步		第二步	
控制变量	BETA 值	T 值	BETA 值	T 值
GENDER	−0.038	−0.881	−0.015	−0.477
AGE1	0.036	0.411	0.016	0.249
AGE2	−0.096	−0.810	−0.011	−0.129
AGE3	−0.016	−0.116	0.080	0.793
AGE4	−0.057	−0.413	−0.026	−0.250
AGE5	0.021	0.165	0.044	0.469

续表

变量	因变量:心理授权			
	第一步		第二步	
EDU1	0.622**	3.173	0.071	0.473
EDU2	0.443**	2.739	0.084	0.687
EDU3	0.363	1.830	0.116	0.780
EDU4	0.179	1.209	0.066	0.596
TEN1	−0.032	−0.480	−0.042	−0.848
TEN2	−0.001	−0.019	−0.016	−0.322
TEN3	0.123	1.938	0.082	1.729
TEN4	0.049	0.764	0.007	0.151
TEN5	0.155*	2.275	0.052	1.014
POS1	−0.226***	−3.704	−0.077	−1.671
POS2	−0.328**	−2.597	−0.037	−0.392
POS3	−0.293***	−3.213	−0.145*	−2.106
POS4	−0.291**	−2.677	−0.165*	−2.026
POS5	−0.066	−0.725	0.037	0.543
自变量				
人—组织匹配			0.686***	20.454
F 值	5.535***		29.329***	
R^2	0.172		0.537	
Adj. R^2	0.141		0.519	
△R^2	0.172***		0.365***	

注:*** 表示在 0.001 水平下显著,** 表示在 0.01 水平下显著,* 表示在 0.05 水平下显著

从表 5.36 可以看出,控制了人口统计学变量后,人－组织匹配对心理授权因变量做出了新的贡献,解释的变异量增加了 36.5%,并且 F 值在 0.001 的水平下显著。同时,人－组织匹配对心理授权的回归系数 β 值为 0.686,大于 0,且在 0.001 水平下显著,所以人－组织匹配对心理授权有直接显著的正向影响,即假设 H2 成立。

2. 人－组织匹配各维度对心理授权的影响

如前所述,人－组织匹配包括价值观匹配、需求－供给匹配和要求－能力匹配三个维度。通过文献综述可知,目前学者对人－组织匹配与心理授权关系的研究,仅局限于价值观匹配对心理授权的影响,并未涉及另外两种匹配形式对心理授权的影响。本文将在此基础上,以人－组织匹配的三个维度作为自变量,心理授权作为因变量,进行回归分析。

从表 5.37 可以看出,控制了人口统计学变量后,价值观匹配、需求－供给匹配和要求－能力匹配对因变量心理授权做出了新的贡献,解释的变异量增加了 36.5%,并且 F 值在 0.001 的水平下显著。同时,价值观匹配对心理授权的回归系数 β 值为 0.252,大于 0,且在 0.001 水平下显著,所以价值观匹配对心理授权有直接显著的正向影响,即假设 H2a 成立;需求－供给匹配对心理授权的回归系数 β 值为 0.241,大于 0,且在 0.001 水平下显著,所以需求－供给匹配对心理授权有直接显著的正向影响,即假设 H2b 成立;要求－能力匹配回归系数 β 值为 0.275,大于 0,且在 0.001 水平下显著,所以要求－能力匹配对心理授权有直接显著的正向影响,即假设 H2c 成立。

第 5 章 数据分析与讨论

表 5.37 人一组织匹配各维度对心理授权的回归分析

变量	因变量:心理授权			
	第一步		第二步	
控制变量	BETA 值	T 值	BETA 值	T 值
GENDER	−0.038	−0.881	−0.016	−0.491
AGE1	0.036	0.411	0.017	0.262
AGE2	−0.096	−0.810	−0.011	−0.124
AGE3	−0.016	−0.116	0.079	0.779
AGE4	−0.057	−0.413	−0.028	−0.274
AGE5	0.021	0.165	0.043	0.451
EDU1	0.622**	3.173	0.062	0.414
EDU2	0.443**	2.739	0.078	0.638
EDU3	0.363	1.830	0.108	0.720
EDU4	0.179	1.209	0.057	0.506
TEN1	−0.032	−0.480	−0.043	−0.863
TEN2	−0.001	−0.019	−0.017	−0.333
TEN3	0.123	1.938	0.082	1.703
TEN4	0.049	0.764	0.006	0.135
TEN5	0.155*	2.275	0.051	0.984
POS1	−0.226***	−3.704	−0.078	−1.680
POS2	−0.328**	−2.597	−0.037	−0.381
POS3	−0.293***	−3.213	−0.146*	−2.119
POS4	−0.291**	−2.677	−0.170*	−2.068
POS5	−0.066	−0.725	0.037	0.533

续表

变量	因变量:心理授权			
	第一步		第二步	
自变量				
价值观匹配			0.252***	5.424
需求-供给匹配			0.241***	4.668
要求-能力匹配			0.275***	6.020
F 值	5.535***		26.720***	
R^2	0.172		0.537	
ADJ. R^2	0.141		0.517	
$\triangle R^2$	0.172***		0.365***	

注:*** 表示在 0.001 水平下显著,** 表示在 0.01 水平下显著,* 表示在 0.05 水平下显著

3. 主管支持对人-组织匹配与心理授权的调节

为了验证主管支持的调节作用,我们采用分层多元回归方法,用三个模型来分析数据(徐岚等,2009)。模型 1 中只加入控制变量,模型 2 在模型 1 的基础上增加了自变量和调节变量,模型 3 在模型 2 的基础上增加了自变量与调节变量的交互项。我们对所有连续变量进行了均值中心化处理,目的是减小回归方程中变量间多重共线性(Multicollinearity)的问题(陈晓萍等,2008)。回归分析结果见表 5.38。

从表 5.38 中可以看出,控制了人口统计学变量后,模型 2 中的 R^2 值为 0.603,并且 F 值在 0.001 水平下显著,说明人-组织匹配与主管支持对心理授权的主效应显著。当交互项人-组织匹配×主管支持进入回归方程后,交互项回归系数 β 值为 -0.016,t 值为 -0.502,不显著,说明主管支持在人-组织匹配与心理授权之间的

调节作用不显著,即假设 H5 不成立。

表 5.38　主管支持对人—组织匹配与心理授权的调节

变量	模型 1		模型 2		模型 3	
控制变量	BETA 值	T 值	BETA 值	T 值	BETA 值	T 值
GENDER	−0.038	−0.881	−0.026	−0.877	−0.027	−0.903
AGE1	0.036	0.411	−0.012	−0.190	−0.011	−0.184
AGE2	−0.096	−0.810	−0.036	−0.435	−0.035	−0.426
AGE3	−0.016	−0.116	0.042	0.445	0.042	0.453
AGE4	−0.057	−0.413	−0.020	−0.210	−0.020	−0.209
AGE5	0.021	0.165	0.057	0.646	0.059	0.666
EDU1	0.622**	3.173	−0.005	−0.037	−0.006	−0.046
EDU2	0.443**	2.739	0.020	0.175	0.018	0.156
EDU3	0.363	1.830	0.032	0.231	0.027	0.194
EDU4	0.179	1.209	0.020	0.192	0.016	0.153
TEN1	−0.032	−0.480	−0.018	−0.381	−0.017	−0.375
TEN2	−0.001	−0.019	0.022	0.485	0.024	0.518
TEN3	0.123	1.938	0.082	1.853	0.083	1.879
TEN4	0.049	0.764	0.053	1.187	0.053	1.181
TEN5	0.155*	2.275	0.072	1.510	0.075	1.555
POS1	−0.226***	−3.704	−0.082	−1.960	−0.080	−1.857
POS2	−0.328**	−2.597	−0.127	−1.429	−0.126	−1.409
POS3	−0.293*	−3.213	−0.158	−2.474	−0.155	−2.433
POS4	−0.291**	−2.677	−0.206**	−2.712	−0.203**	−2.663
POS5	−0.066	−0.725	−0.006	−0.099	−0.004	−0.057

变量	模型 1		模型 2		模型 3	
自变量						
人－组织匹配			0.501***	13.618	0.499***	13.527
主管支持			0.337***	9.401	0.329***	8.400
交互项						
人－组织匹配× 主管支持					−0.016	−0.502
R^2	0.172		0.603		0.604	
ADJ. R^2	0.141		0.587		0.588	
F	5.535***		36.619***		34.988***	
$\triangle R^2$	0.172***		0.431***		0.001	

注：*** 表示在 0.001 水平下显著，** 表示在 0.01 水平下显著，* 表示在 0.05 水平下显著

5.5.3　心理授权与员工创新行为

1.心理授权对员工创新行为的直接影响

为了检验心理授权对员工创新行为的影响，我们采用两步分层回归的方法，第一步用控制变量对员工创新行为进行回归，第二步加入自变量心理授权，对员工创新行为进行回归。通过观察$\triangle R^2$的显著性来检验心理授权对员工创新行为的影响，具体结果如表 5.39所示。

表 5.39　心理授权对员工创新行为的回归分析

变量	因变量:员工创新行为			
	第一步		第二步	
控制变量	Beta 值	t 值	Beta 值	t 值
GENDER	−0.110*	−2.477	−0.084*	−2.530
AGE1	−0.005	−0.053	−0.030	−0.438
AGE2	−0.098	−0.797	−0.032	−0.344
AGE3	−0.058	−0.415	−0.047	−0.452
AGE4	−0.106	−0.751	−0.067	−0.637
AGE5	−0.115	−0.877	−0.129	−1.322
EDU1	0.563**	2.779	0.135	0.883
EDU2	0.452**	2.701	0.147	1.167
EDU3	0.394	1.921	0.144	0.937
EDU4	0.265	1.735	0.142	1.243
TEN1	−0.038	−0.552	−0.016	−0.312
TEN2	−0.075	−1.095	−0.074	−1.450
TEN3	0.022	0.336	−0.063	−1.273
TEN4	−0.015	−0.224	−0.048	−0.981
TEN5	0.144*	2.042	0.037	0.702
POS1	−0.126*	−2.002	0.029	0.615
POS2	−0.310*	−2.372	−0.084	−0.856
POS3	−0.218*	−2.307	−0.016	−0.222
POS4	−0.175	1.559	0.025	0.298
POS5	−0.059	−0.622	−0.013	−0.186

变量	因变量:员工创新行为			
	第一步		第二步	
自变量	BETA 值	T 值	BETA 值	T 值
心理授权			0.688***	20.573
F 值	3.504***		26.140***	
R^2	0.116		0.508	
ADJ. R^2	0.083		0.489	
$\triangle R^2$	0.116***		0.392***	

注:*** 表示在 0.001 水平下显著,** 表示在 0.01 水平下显著,* 表示在 0.05 水平下显著

从表 5.39 可以看出,控制了人口统计学变量后,心理授权对因变量员工创新行为做出了新的贡献,解释的变异量增加了 39.2%,并且 F 值在 0.001 的水平下显著。同时,心理授权对员工创新行为的回归系数 β 值为 0.688,大于 0,且在 0.001 水平下显著,所以心理授权对员工创新行为有直接显著的正向影响,即假设 H3 成立。

2. 心理授权各维度对员工创新行为的影响

如前所述,心理授权包括工作意义、自主性、自我效能和工作影响四个维度,本文将心理授权的四个维度作为自变量,员工创新行为作为因变量,进行两步回归分析。

从表 5.40 可以看出,控制了人口统计学变量后,工作意义、自主性、自我效能和工作影响对因变量员工创新行为做出了新的贡献,解释的变异量增加了 41.3%。同时,工作意义对员工创新行为的回归系数 β 值为 0.282,大于 0,且在 0.001 水平下显著,所以工作意义对员工创新行为有直接显著的正向影响,即假设 H3a 成立;自主性对员工创新行为的回归系数 β 值为 0.174,大于 0,且在 0.001 水平下

显著,所以自主性对员工创新行为有直接显著的正向影响,即假设
H3b 成立;自我效能对员工创新行为的回归系数 β 值为 0.300,大于
0,且在 0.001 水平下显著,所以自我效能对员工创新行为有直接显
著的正向影响,即假设 H3c 成立;工作影响对员工创新行为的回归
系数 β 值为 0.156,大于 0,且在 0.001 水平下显著,所以工作影响对
员工创新行为有直接显著的正向影响,即假设 H3d 成立。

表 5.40　心理授权各维度对员工创新行为的回归分析

变量	因变量:员工创新行为			
	第一步		第二步	
控制变量	BETA 值	T 值	BETA 值	T 值
GENDER	−0.110*	−2.477	−0.076*	−2.330
AGE1	−0.005	−0.053	−0.026	−0.390
AGE2	−0.098	−0.797	−0.030	−0.337
AGE3	−0.058	−0.415	−0.039	−0.380
AGE4	−0.106	−0.751	−0.066	−0.632
AGE5	−0.115	−0.877	−0.142	−1.477
EDU1	0.563**	2.779	0.131	0.871
EDU2	0.452**	2.701	0.164	1.320
EDU3	0.394	1.921	0.167	1.100
EDU4	0.265	1.735	0.148	1.307
TEN1	−0.038	−0.552	−0.011	−0.222
TEN2	−0.075	−1.095	−0.057	−1.124
TEN3	0.022	0.336	−0.053	1.095
TEN4	−0.015	−0.224	−0.034	−0.712
TEN5	0.144*	2.042	0.033	0.634

变量	因变量:员工创新行为			
	第一步		第二步	
POS1	−0.126*	−2.002	0.001	0.023
POS2	−0.310*	−2.372	−0.132	−1.359
POS3	−0.218*	−2.307	−0.074	−1.031
POS4	−0.175	−1.559	−0.037	−0.445
POS5	−0.059	−0.622	−0.030	−0.426
自变量				
工作意义			0.282***	6.645
自主性			0.174***	4.275
自我效能			0.300***	8.079
工作影响			0.156***	4.045
F 值	3.504***		24.725***	
R^2	0.116		0.529	
ADJ. R^2	0.083		0.508	
△R^2	0.116***		0.413***	

注:*** 表示在 0.001 水平下显著,** 表示在 0.01 水平下显著,* 表示在 0.05 水平下显著

3. 同事支持对心理授权与员工创新行为的调节

为了验证同事支持的调节作用,我们采用前文所述的分层多元回归方法,用三个模型来分析数据,并对所有连续变量进行了均值中心化处理,回归分析结果见表 5.41。

表 5.41　同事支持对心理授权与员工创新行为的调节

变量	模型 1		模型 2		模型 3	
控制变量	BETA 值	T 值	BETA 值	T 值	BETA 值	T 值
GENDER	-0.110*	-2.477	-0.077*	-2.502	-0.074*	-2.408
AGE1	-0.005	-0.053	-0.044	-0.692	-0.040	-0.631
AGE2	-0.098	-0.797	-0.046	-0.537	-0.044	-0.523
AGE3	-0.058	-0.415	-0.045	-0.465	-0.042	-0.440
AGE4	-0.106	-0.751	-0.049	-0.500	-0.044	-0.453
AGE5	-0.115	-0.877	-0.095	-1.047	-0.093	-1.033
EDU1	0.563**	2.779	0.162	1.141	0.177	1.248
EDU2	0.452**	2.701	0.161	1.377	0.171	1.466
EDU3	0.394	1.921	0.158	1.107	0.179	1.254
EDU4	0.265	1.735	0.157	1.477	0.177	1.658
TEN1	-0.038	-0.552	0.034	0.718	0.030	0.619
TEN2	-0.075	-1.095	-0.020	-0.415	-0.028	-0.583
TEN3	0.022	0.336	-0.025	-0.536	-0.026	-0.564
TEN4	-0.015	-0.224	0.007	0.162	0.006	0.123
TEN5	0.144*	2.042	0.047	0.962	0.039	0.797
POS1	-0.126*	-2.002	0.000	-0.004	0.002	0.056
POS2	-0.310*	-2.372	-0.157	-1.721	-0.162	-1.781
POS3	-0.218*	-2.307	-0.075	-1.127	-0.076	-1.145
POS4	-0.175	-1.559	-0.054	-0.679	-0.056	-0.713
POS5	-0.059	-0.622	-0.038	-0.574	-0.040	-0.604

变量	模型 1		模型 2		模型 3	
自变量						
心理授权			0.473***	12.243	0.429***	11.378
同事支持			0.351***	9.306	0.317***	9.018
交互项						
心理授权× 同事支持					0.184**	6.794
R^2	0.116		0.577		0.680	
ADJ. R^2	0.083		0.560		0.662	
F	3.504***		32.910***		33.751***	
△R^2	0.116***		0.461***		0.103**	

注：*** 表示在 0.001 水平下显著，** 表示在 0.01 水平下显著，* 表示在 0.05 水平下显著

从表 5.41 可以看出,回归模型 2 中的 R^2 值为 0.577,并且 F 值在 0.01 水平下显著,说明心理授权与同事支持对员工创新行为的主效应显著。当交互项进入回归方程后,交互项心理授权×同事支持的回归系数 β 值为 0.184,t 值为 6.794,且显著,说明同事支持在心理授权与员工创新行为之间起显著调节作用,即假设 H6 成立。

5.5.4 心理授权在人—组织匹配与员工创新行为之间的中介作用

最常用的检验中介变量的方法是 Baron 和 Kenny(1986)的回归方法,根据这个方法,判断一个变量是否是中介变量需要满足以下四个条件:

①自变量 X 的变化能够显著地解释因变量 Y 的变化，即图 5.1 中的 b_1 显著不等于零；

②自变量 X 的变化能够显著地解释中介变量 M 的变化，即图 5.1 中的 b_2 显著不等于零；

③中介变量 M 的变化能够显著地解释因变量 Y 的变化，即图 5.1 中的 b_3 显著不等于零；

④当控制中介变量 M 后，自变量 X 对因变量 Y 的影响（b_4）应等于零，或者显著降低，同时 b_5 应显著不等于零。如果 b_4 等于零，M 叫做完全中介变量（Full Mediator）；如果 b_4 不等于零但小于 b_1，M 叫做部分中介变量（Partial Mediator）；如果 b_4 不小于 b_1，M 作为中介变量的假设则不能成立。

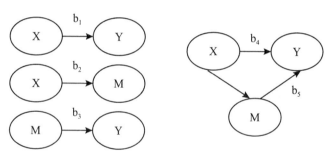

图 5.1　中介作用检验原理

本节利用以上方法对心理授权的中介作用进行了检验，通过回归分析，得到以下结果（见表 5.42）：

（1）在控制了人口统计学变量后，以人－组织匹配为自变量，员工创新行为为因变量做回归。结果表明，人－组织匹配对员工创新行为的回归系数为 0.543，在 0.001 水平下显著，因此判定中介作用的条件①成立。

（2）在控制了人口统计学变量后，以人－组织匹配为自变量，心理授权为因变量做回归。人－组织匹配对心理授权的回归系数为 0.686，在 0.001 水平下显著，因此判定中介作用的条件②成立。

表 5.42 心理授权中介作用回归分析表

变量	因变量：创新行为 模型 1		因变量：心理授权 模型 2		因变量：创新行为 模型 3		因变量：创新行为 模型 4	
控制变量	BETA 值	T 值	BETA 值	T 值	BETA 值	T 值	BETA 值	T 值
GENDER	-0.092*	-0.408	-0.015	-0.477	-0.084*	-2.530	-0.083*	-2.513
AGE1	-0.020	-0.261	0.016	0.249	-0.030	-0.438	-0.030	-0.451
AGE2	-0.031	-0.289	-0.011	-0.129	-0.032	-0.344	-0.024	-0.260
AGE3	0.018	0.150	0.080	0.793	-0.047	-0.452	-0.030	-0.294
AGE4	-0.082	-0.670	-0.026	-0.250	-0.067	-0.637	-0.066	-0.630
AGE5	-0.096	-0.852	0.044	0.469	-0.129	-1.322	-0.123	-1.267
EDU1	0.126	0.709	0.071	0.473	0.135	0.883	0.083	0.544
EDU2	0.167	1.148	0.084	0.687	0.147	1.167	0.116	0.926
EDU3	0.198	1.118	0.116	0.780	0.144	0.937	0.128	0.836
EDU4	0.176	1.333	0.066	0.596	0.142	1.243	0.136	1.195
TEN1	-0.046	-0.779	-0.042	-0.848	-0.016	-0.312	-0.021	-0.403
TEN2	-0.087	-1.469	-0.016	-0.322	-0.074	-1.450	-0.077	-1.515
TEN3	-0.010	-0.181	0.082	1.729	-0.063	-1.273	-0.060	-1.230
TEN4	-0.048	-0.839	0.007	0.151	-0.048	-0.981	-0.052	-1.064
TEN5	0.062	1.019	0.052	1.014	0.037	0.702	0.031	0.583
POS1	-0.008	-0.152	-0.077	-1.671	0.029	0.615	0.038	0.811
POS2	-0.079	-0.698	-0.037	-0.392	-0.084	-0.856	-0.057	-0.578
POS3	-0.100	-1.222	-0.145*	-2.106	-0.016	-0.222	-0.012	-0.172
POS4	-0.076	-0.778	-0.165*	-2.026	0.025	0.298	0.025	0.294
POS5	0.023	0.286	0.037	0.543	-0.013	-0.186	0.001	0.011
自变量								
人—组织匹配	0.543***	13.633	0.686***	20.454			0.128**	2.788
心理授权					0.688***	20.573	0.606***	13.633
R^2	0.345		0.537		0.508		0.515	
ADJ. R^2	0.320		0.519		0.489		0.495	
F	13.346***		29.329***		26.140***		25.624***	

注：*** 表示在 0.001 水平下显著，** 表示在 0.01 水平下显著，* 表示在 0.05 水平下显著

168

（3）在控制了人口统计学变量后，以心理授权为自变量，员工创新行为为因变量做回归。心理授权对员工创新行为的回归系数为0.688，在0.001水平下显著，因此判定中介作用的条件③成立。

（4）在控制了人口统计学变量后，以人－组织匹配、心理授权为自变量，员工创新行为为因变量做回归。结果表明，在控制中介变量心理授权后，人－组织匹配对员工创新行为的回归系数显著降低，由原来的0.543降为0.128，同时，心理授权对员工创新行为的回归系数为0.606，不等于零，且在0.001水平下显著，因此可以判定心理授权在人－组织匹配与员工创新行为之间起到了部分中介作用，即假设H4成立。

为了进一步探索心理授权的中介作用，本文用结构方程模型对人－组织匹配、心理授权和员工创新行为的各个维度间的关系进行了检验，结果如图5.2所示，图中只标出了路径显著的关系。

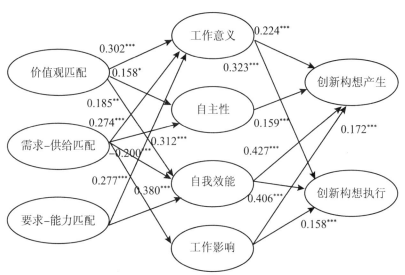

图5.2 人－组织匹配、心理授权和员工创新行为的中介效应路径图

根据前面所做的回归分析以及图5.2可知，价值观匹配是通过工作意义、自主性和自我效能影响创新构想产生的,通过工作意义和自我效能影响创新构想执行的;要求－能力匹配是通过工作意义和自我效能来影响创新构想产生和创新构想执行的;需求－供给匹配虽然不直接影响员工的创新行为,但可以通过提高员工的工作意义、自主性、自我效能和工作影响来间接地影响员工创新行为。

5.6　分析结果与讨论

本章对第 3 章所提出的各个假设分别进行了检验,实证检验结果如表 5.43 所示。从表 5.43 中我们可以看出,本研究共有 16 个假设,有 14 个假设获得了支持,2 个假设未获得支持,本节将对检验结果进行具体的分析与讨论。

表 5.43　假设检验结果汇总

研究假设	假设内容	检验结果
H1	人－组织匹配对员工创新行为具有正向影响	成立
H1a	价值观匹配对员工创新行为具有正向影响	成立
H1b	需求－供给匹配对员工创新行为具有正向影响	不成立
H1c	要求－能力匹配对员工创新行为具有正向影响	成立
H2	人－组织匹配对心理授权具有正向影响	成立
H2a	价值观匹配对心理授权具有正向影响	成立
H2b	需求－供给匹配对心理授权具有正向影响	成立
H2c	要求－能力匹配对心理授权具有正向影响	成立
H3	心理授权对员工创新行为具有正向影响	成立
H3a	工作意义对员工创新行为具有正向影响	成立
H3b	自主性对员工创新行为具有正向影响	成立
H3c	自我效能对员工创新行为具有正向影响	成立
H3d	工作影响对员工创新行为具有正向影响	成立

第5章　数据分析与讨论

续表

研究假设	假设内容	检验结果
H4	心理授权在人－组织匹配与员工创新行为之间具有中介作用	成立
H5	主管支持感越强，人－组织匹配对心理授权的影响越大	不成立
H6	同事支持感越强，心理授权对员工创新行为的影响越大	成立

1. 人－组织匹配及各维度对员工创新行为的直接影响

（1）人－组织匹配对员工创新行为的直接影响

本研究的实证检验结果支持假设 H1，即人－组织匹配对员工创新行为具有直接显著的正向影响（$\beta=0.543$，Sig. $=0.000$）。该结果与其他学者的研究一致，如 Van Maanen 和 Schein(1979)发现有创造力的个体是那些与组织匹配良好的人。本研究结果表明：人与组织的匹配程度是决定员工创新行为的重要因素，因此提升人－组织匹配程度可以促进个体表现出创新行为。

（2）价值观匹配与要求－能力匹配对员工创新行为的直接影响

本研究的实证检验结果支持假设 H1a 和 H1c，即价值观匹配（$\beta=0.261$，Sig. $=0.000$）、要求－能力匹配（$\beta=0.285$，Sig. $=0.000$）对员工创新行为具有直接显著的正向影响。该结果与其他学者的研究一致，如 Choi(2004)发现个体对于创新环境的期望和个体实际的创造性能力对于创新行为有显著的正向影响，孙健敏和王震(2009)的研究证明个人与组织在价值观上的一致性程度与创意产生正相关，工作要求与个人能力匹配程度与创意产生和实施都有显著相关。

本研究结果表明：价值观匹配和要求－能力匹配是影响员工创新行为的重要因素。人与组织之间的价值观匹配反映了人与组织在目标设定、价值观念、处事方式等方面的一致性程度。与组织价值观一致的个体通常会感觉到在组织中舒心、融洽，愿意为组织目标奋斗

171

(Muchinsky and Monahan,1987),因此在工作上一般也会有比较好的表现。价值观的一致性程度与个体的任务绩效正相关(Hoffman and Woehr,2006)。因而,当个体知觉到组织鼓励创新的价值观以后,会与自身价值观进行比较,与组织价值观保持一致会影响员工对自我角色的建构,使员工表现出组织期望的创新行为。

个体能力与员工创造性的关系在 Amabile(1983)提出的创造力成分模型中有所阐述。该模型认为影响个体创造性的因素包括专业领域技能、与创造力相关的技能和工作动机。要求-能力匹配中的能力实际上指的就是员工所具有的专业领域技能,虽然这种能力不一定马上产生创新绩效,但是相比那些不足以胜任目前工作的员工来讲,能力较高的员工更可能突破现有的框架,提出新想法,改善工作中不合理的流程并予以实施。

(3)需求-供给匹配对员工创新行为的直接影响

本研究的实证检验结果不支持假设 H1b,即需求-供给匹配对员工创新行为具有显著正向影响的假设不成立($\beta=0.067$, Sig. $=0.273$)。基于社会交换理论,我们认为组织越能满足员工的需要,员工就越努力工作,回报组织,表现出越多的创新行为,然而数据并未支持这个假设,这与 Amabile(1996)、孙健敏和王震(2009)等人的研究结果是一致的。从赫茨伯格双因素理论的角度分析,这可能是由于目前企业在工作中能给予员工的主要是物质上的满足,属于保健因素,而保健因素只能消除员工工作中的不满,起不到激励作用,员工并没有感受到工作本身带来的乐趣和精神满足,因此没有激励员工去创新。

2. 人-组织匹配及各维度对心理授权的直接影响

(1)人-组织匹配对心理授权的直接影响

本研究的实证检验结果支持假设 H2,即人-组织匹配对心理授权具有直接显著的正向影响($\beta=0.686$, Sig. $=0.000$)。这可以用授权理论来解释,授权理论认为个体授权会直接受到工作情境的影响(Conger and Kanungo,1988;Spreitzer,1996),匹配程度高的个体比匹配程度低的个体更能体验到工作环境的不同。人与组织的匹配程度会影响到个体的心理过程,与组织匹配良好的个体会更好地理解组织的要求,并认识到组织为他们提供了更多的资源,以使他们的行为满足组织的要求(Gregory,2010)。

(2)价值观匹配、需求－供给匹配和要求－能力匹配对心理授权的直接影响

本研究的实证检验结果支持假设 H2a、H2b 和 H2c,即价值观匹配($\beta=0.252$,Sig. $=0.000$)、需求－供给匹配($\beta=0.241$,Sig. $=0.000$)和要求－能力匹配($\beta=0.275$,Sig. $=0.000$)对心理授权具有直接显著的正向影响。目前多数学者仅将价值观匹配作为人－组织匹配的全部范畴,并不涉及需求－供给匹配和要求－能力匹配两个维度。已有学者也发现价值观匹配会对心理授权产生显著的正向影响(Gregory,Albritton and Osmonbekov,2010),研究结论与本文结论一致。这是因为人与组织价值观的匹配程度会影响个体的心理过程,认同组织价值观的个体更倾向于采取组织期望的行为。

需求－供给匹配和要求－能力匹配对心理授权的影响也可以从理论上得到解释。一般来讲,如果个体的能力与组织的要求相匹配,根据班杜拉的自我效能理论,那么该个体对完成工作会很有信心,即自我效能感强。如果个体的需求和组织的供给相匹配,也就是工作本身满足了个体的物质和精神需要,他一定会认为自己所从事的工作是有意义的。

3. 人－组织匹配与心理授权之间的调节变量

本研究认为,人－组织匹配对心理授权的影响会根据主管支持的不同而发生变化,但是实证检验结果不支持假设 H5,即主管支持感越强,人－组织匹配对心理授权的影响越大的假设不成立。这可能是因为心理授权是内在动机,很难受到外在因素的影响而改变,比如一个工作能力很强的员工,即使没有得到主管的支持,也不一定会

降低他对于自己能力的判断;而一个人的工作能力如果不能满足工作的要求,即使有主管支持,也恐怕难以自主地开展工作。主管支持虽然可以直接影响员工的工作动机(苏红玲,2008),但是个体的价值观、工作能力以及组织结构、组织政策等因素在较长时期内会保持相对稳定的状态,不会有大幅度的改变,而心理授权是受到特定工作情境影响的(Conger and Kanungo,1988;Spreitzer,1996),因而心理授权感也是相对稳定的。这可能是人-组织匹配与心理授权的关系不受主管支持影响的原因。

4. 心理授权及各维度对员工创新行为的直接影响

(1)心理授权对员工创新行为的直接影响

本研究的实证检验结果支持假设 H3,即心理授权对员工创新行为具有直接显著的正向影响($\beta=0.688$,Sig. $=0.000$)。这与多数研究者的研究结论是一致的,即提高员工的心理授权感受可以提高员工的创新行为(Spreitzer,1995;刘耀中,2008)。因为心理授权通常被看做是员工的内在动机,有心理授权体验的员工相信他们对工作是有自主性和影响力的,会比其他员工感到更少的技术和规则的限制,因而可能会更积极、更主动,更有创造性(Amabile,1988)。

(2)工作意义、自主性、自我效能和工作影响对员工创新行为的直接影响

本研究的实证检验结果支持假设 H3a、H3b、H3c 和 H3d,即工作意义($\beta=0.282$,Sig. $=0.000$)、自主性($\beta=0.174$,Sig. $=0.000$)、自我效能($\beta=0.300$,Sig. $=0.000$)和工作影响($\beta=0.156$,Sig. $=0.000$)对员工创新行为具有直接显著的正向影响。这一结果表明,心理授权四个维度对员工创新行为的影响程度按照大小分别是自我效能、工作意义、工作影响和自主性。自我效能对员工创新行为有最主要的影响,这首先可以从班杜拉的自我效能理论来解释,自我效能是个体认为自己有能力做好某项工作的信心,是一种主观认知和判断,相对而言,自我效能感高的个体更有信心面对不确定性和以新的方法

解决问题,因而会促使员工产生创新行为。工作意义决定了员工如何看待工作,如果员工认为自己从事的工作非常有价值,就会激发他更努力地工作,对于工作中存在的问题就会更用心地思考,从而想出解决问题的新办法。工作影响是员工的工作对于组织战略和政策的影响力,自主性指员工对于如何开展工作是否有决定权,被认为是内在激励的重要组成部分。那些在工作上有充分自主权的员工,从工作中获得的内在激励程度会更高,因而会表现出更多的创新行为。

5. 心理授权与员工创新行为之间的调节变量

本研究认为,心理授权对员工创新行为的影响会根据同事支持的不同而发生变化,实证检验结果表明,心理授权与同事支持交互项显著($\beta=0.184$, Sig. $=0.006$),支持假设 H6,即同事支持感越强,心理授权对员工创新行为的影响越大。同事之间由于工作的关系,经常需要相互协作以完成特定的目标,因此同事间会有较多的接触和互动,当同事愿意提供支持和帮助时,员工既可以从同事那里得到与任务相关的知识和技能,也容易将同事作为商讨新问题、新想法的伙伴,从而促使产生解决问题的新方法(Shalley, 1991; 鞠芳辉等, 2008)。因此,一个既有心理授权体验同时又得到了同事支持的员工,新想法和解决问题的方式会更多,即创新行为更强。

6. 心理授权在人一组织匹配与员工创新行为之间的中介作用

本研究的实证检验结果支持假设 H4,即心理授权在人一组织匹配与员工创新行为之间具有中介作用。实证研究结果表明,心理授权在人一组织匹配与员工创新行为之间具有部分中介作用。该结果说明:人一组织匹配既可以直接对员工创新行为产生影响,也可以通过心理授权间接对员工创新行为产生影响。目前,已有学者发现心理授权在人一组织匹配与员工满意度之间、人一组织匹配与角色内绩效之间具有中介作用(Gregory, Albritton and Osmonbekov, 2010),但是人一组织匹配对员工创新行为的影响机理尚未有其他学者的研究结论作为参考,这是本文的一个创新之处。但通过前文对相关社会心理学理论的回顾,以及人－组织匹配影响员工创新行为、人－组织匹配影响心理授权、心理授权影响员工创新行为的理论分析,得出心理授权在人－组织匹配与员工创新行为之间具有中介作用是在情理之中的。

第6章 研究结论与建议

根据前文对数据的分析和讨论结果,本章将首先对本文的研究结论进行阐述,之后进一步阐述本研究的管理学意义,最后指出本研究的局限性和未来的研究方向。

6.1 研究结论

本文在以往学者研究的基础上,以人-组织匹配为自变量,员工创新行为为因变量,以心理授权为中介变量,以主管支持和同事支持为调节变量,构建了理论模型,从人与环境整体匹配的视角对员工创新行为的影响机制进行了实证研究,得出了以下重要结论:

(1)人-组织匹配对员工创新行为具有显著的正向影响。价值观匹配和要求-能力匹配对员工创新行为具有显著的正向影响,需求-供给匹配对员工创新行为没有影响。

(2)心理授权在人-组织匹配与员工创新行为之间具有部分中介作用。

(3)人-组织匹配对心理授权具有显著的正向影响,价值观匹配、需求-供给匹配和要求-能力匹配均对心理授权具有显著的正向影响。

(4)心理授权对员工创新行为具有显著的正向影响,工作意义、自主性、自我效能和工作影响均对员工创新行为具有显著的正向影响。

(5)同事支持感越强,心理授权对员工创新行为的影响越大;主管支持感无论强弱,人-组织匹配对心理授权的正向影响力没有明显差异。

6.2　管理学意义

本研究在中国情境下,以人-组织匹配为切入点,探索性地从员工心理授权的视角,系统地分析了影响员工创新行为的机制,通过实证研究检验了各变量之间的相互关系,得到了一些有价值的研究结论,这些结论对于管理学理论与管理实践都具有重要的指导意义。

6.2.1　理论意义

1. 构建了人-组织匹配、心理授权和员工创新行为关系的理论模型

以往的研究成果已证明人-组织匹配对员工创新行为具有正向影响关系,但并没有揭示二者之间内部的影响机制。本文创造性地将心理授权引入到人-组织匹配与员工创新行为两者的关系之中,构建了"人-组织匹配→心理授权→员工创新行为"的作用机制模型,提出并验证了心理授权作为人-组织匹配影响员工创新行为中介变量的理论构思,是对原有变量"人-组织匹配"与"员工创新行为"直接关联的突破和完善。通过实证研究,说明了人-组织匹配不仅对员工创新行为产生直接的影响,还能通过心理授权对员工创新行为产生间接的影响,心理授权在人-组织匹配与员工创新行为之间起到了部分中介作用。本研究成果丰富了人-组织匹配对员工创新行为影响的解释力,丰富了员工创新行为影响机制的理论研究,也

为人－组织匹配与员工创新行为的关系研究提供了新的视角。

2.丰富了人－组织匹配的三个维度与心理授权的关系研究

人－组织匹配具有三个维度:价值观匹配、需求－供给匹配和要求－能力匹配,目前已有学者对于价值观匹配和心理授权的关系进行了研究,但还没有学者对需求－供给匹配、要求－能力匹配与心理授权的关系进行过研究。本次研究,不仅证明了以往学者关于价值观匹配对于心理授权具有显著正向影响的结论,也发现需求－供给匹配和要求－能力匹配均对心理授权具有显著的正向影响,丰富了人－组织匹配及各维度与心理授权关系的研究。

3.识别出了心理授权对员工创新行为影响的调节变量

以往学者已经证明了心理授权对员工创新行为具有显著正向的影响关系,本文研究结论与此一致。但以往研究并未涉及哪些因素会影响心理授权对于员工创新行为的影响,本文通过深度访谈和文献分析,识别出同事支持是一个可能的调节变量,实证研究结果支持了这一结论,即同事支持感越强,心理授权对员工创新行为的影响越大。这说明在企业工作中,同事的支持对于员工创新具有重要的意义。

6.2.2　实践意义

1.研究对象的扩展为企业管理者提供了指导方向

学者们以往对创新行为的研究大多是以研发人员和科学家为样本进行的,本文中的研究对象则除了研发人员以外,还包括了一线技术工人、技术人员和管理人员。通常来讲,基层的技术工人往往更了解产品在制造过程中出现的问题,如流程的不合理或者操作方法的不当,并能找到更好的解决方法。产品质量的好坏、成本的高低都与基层技术工人的技能密切相关。技术设备的复杂也对工人的能力提出了更高的要求，使得他们不仅仅被动地执行任务，而是需要体力和脑力相结合，创造性地完成工作任务。因此，本研究对于我们了解基层员工创新行为的影响机制具有重要的现实意义，便于指导管理者如何从管理机制方面来提高个体的创新行为。

2. 重视企业员工的价值观匹配和要求－能力匹配

以往研究指出，人－组织匹配会影响员工的离职率、满意度等，本研究结果表明，人－组织匹配会直接影响员工的创新行为，而且还通过员工的心理授权感对他的创新行为产生间接影响。人－组织匹配包括三个维度：价值观匹配、需求－供给匹配和要求－能力匹配，其中价值观匹配对员工创新行为具有直接显著的正向影响，这说明员工只有认同企业的价值观，才能全身心地为企业工作，才可能创新，否则工作只是成了谋生的手段，将难以激发他们的工作热情和创新热情。要求－能力匹配也对员工创新行为具有直接显著的正向影响，这说明员工仅仅认同企业的价值观还不够，如果他工作的能力不能与岗位相匹配，完成工作本身都很吃力，更谈不上创新。而需求－供给匹配对员工创新行为并不具有直接显著的正向影响，这说明给员工提供了好的工作条件、高的工资待遇并不会提高他的创新行为，这也与赫茨伯格提出的双因素理论相符，即外在激励不会提高员工的创新动力，内在激励才会提高员工的创新动力。基于以上分析，企业领导要了解创新的产生是源自内在动机。企业要提高员工的创新，可以从增强企业与员工之间的匹配度着手。首先，在招聘时，应通过个人价值观是否符合企业价值观为标准来决定是否录用。其次，可以通过加强企业文化建设，强化企业价值观，使员工认同企业，增强归属感。最后，增加对员工的培训，使他们的能力满足企业的要求。

3. 从人－组织匹配的角度制定培训策略

员工的创新绩效与其所具有的工作技能息息相关,员工只有胜任日常的工作,才可能不断产生新的想法。因此,培训必不可少。现在很多企业虽然非常重视培训,但对培训的目标和内容并没有很好地进行分析和思考。因此,有些企业花费了大量时间和精力搞了很多培训,但却发现并没有提升员工的创新能力,对员工和企业的实际意义不大。本研究发现,价值观匹配和要求－能力匹配对员工创新行为有正向影响,因此企业的人才培训应定位于从组织情景和任务特征出发,根据组织目标、岗位要求和个人发展要求来确定培训目标和具体内容。一方面按照企业的要求提高员工的工作技能,深化员工对相关业务领域的认知;另一方面对其理念和思维模式进行培训和校正,使员工理解组织的战略和目标,体会组织对他们的期望。总之,应从人－组织匹配的角度制定相应的人力资源管理策略,对员工进行多角度、全方位的培训,可采取在职培训、导师制、工作示范、工作轮换等多种方式,使员工开阔眼界,提高技能,为员工创造性地分析和解决问题打下良好的基础,以利于企业的长远发展。

4. 重视心理授权的中介作用

本研究发现,心理授权在人－组织匹配和员工创新行为之间具有部分中介作用。因此,企业领导者应该着重考虑如何提高员工的心理授权感受,从而促进员工的创新行为。如增加下属对于工作意义和重要性的认知,让下属充分发挥主观能动性,自主地安排和开展工作,增强他们能够做好工作的信心等,都可以提高员工的心理授权感。

5. 重视调节变量的作用

本文发现,同事支持对心理授权与员工创新行为之间的关系具有调节作用。调节变量能够影响到变量之间作用关系的强度。研究结果表明,同事支持感强时,心理授权可以增强对员工创新行为的影响力。因此与同事之间人际关系的好坏就非常重要,如果一个人与同事关系不好,很可能同事就不支持他的工作,因而工作的质量难以保证,更别说是创新性的绩效。作为企业管理者,需要了解和掌握调节变量的作用机理,重视组织中的人际关系,关注同事之间的关系变化,善于营造组织中和谐的人际氛围,避免人与人之间发生过大的冲突,确保在需要的情况下,每个人都能得到同事最大的支持,从而促进员工的创新行为,提高企业绩效。

6.3　本研究的主要贡献

本研究的主要贡献表现在以下四个方面:

1. 进一步验证了人—组织匹配的三种形式与员工创新行为之间的关系

从人—组织匹配的视角来研究创新行为,体现了学术界研究创新行为的新视角——人与环境的交互作用影响创新行为,但目前研究结论并不统一。Choi(2004)建议有必要对于人—组织匹配与员工创新行为之间的关系进行进一步研究。此外,一些学者是以学生为样本、以班级作为组织进行的研究(Choi,2004;杜旌 、王丹妮,2009),这与企业真实的环境还有一定的差距,因此,有必要以企业工作环境为背景深入地研究人—组织匹配与员工创新行为之间的关系及其作用机制。本研究以企业员工为研究对象,验证了在组织环境背景下人—组织匹配的三种形式与员工创新行为之间的关系。研究发现,价值观匹配和要求—能力匹配对员工的创新行为有显著的正向影响,需求—供给匹配对员工创新行为的影响不显著。

2. 揭示了人－组织匹配通过心理授权对员工创新行为作用的机理

人－组织匹配影响员工创新行为是一个复杂的心理过程,本文结合人－组织匹配、心理授权和员工创新行为等相关理论,引入心理授权作为中介变量,构建了一个理论模型,揭示了人－组织匹配对员工创新行为的影响机理,证明了心理授权在人－组织匹配与员工创新行为之间具有部分中介作用,填补了人－组织匹配、心理授权和员工创新行为之间关系的理论空白,心理授权变量的引入深化了我们对于人－组织匹配影响员工创新行为的认识。

3. 揭示了心理授权和员工创新行为之间关系的调节因素

本文从社会交换和人际支持的角度考察了人－组织匹配与心理授权以及心理授权与员工创新行为之间的边界条件,通过实证研究,识别出同事支持是影响心理授权与员工创新行为之间关系大小的调节变量。

4. 揭示了人－组织匹配及其三种匹配形式与心理授权的关系

以往学者仅研究了价值观匹配与心理授权的关系,本研究则涉及了人－组织匹配的三种匹配形式与心理授权的关系,结果表明,价值观匹配、要求－能力匹配和需求－供给匹配都对心理授权有显著的正向影响,填补了要求－能力匹配和需求－供给匹配与心理授权之间关系研究的理论空白。

6.4 研究局限性与未来研究建议

本研究对于人－组织匹配影响员工创新行为的机制进行了探讨,对于创新行为理论的发展具有实际意义。但是,受到个人精力和能力所限,仍然存在一些不足之处,具体包括以下四个方面,希望在未来的研究中加以改进。

(1)由于研究条件的限制,本研究对所有变量的测量均是采用员工自我报告的方式,虽然这种方法简便易行,对于心理和行为测量也比较有效,但是这种测量方式可能会带来数据的同源偏差。因此,在以后的研究中,对人－组织匹配、员工创新行为等变量的测量可以采用主观评价(员工自我评价)与客观评价(如主管评价、同事评价)相结合的方式,尽可能降低数据产生偏差的可能性。

(2)在实证研究中,应该采用随机抽样的方式获取样本,但是由于样本难以获得,因此在抽样调查时,我们是通过朋友、熟人关系以便利抽样和滚雪球抽样的方式收集的调查样本,数据是否具有代表性有待于更多的实证检验。以后的研究应尽可能采用随机抽样的方式,扩大样本量,使研究结论具有更好的外部效度。

(3)受研究成本、时间等条件限制,本研究采用截面调查数据来验证人－组织匹配与员工创新行为之间的关系,相对于纵向研究而言,作用机制的说服力较弱,难以反映出在较长的时间跨度内人－组织匹配、心理授权影响员工创新行为的动态过程。因此,在以后的研究中,可以考虑采用纵向设计的研究方法,更深入地分析人－组织匹配、心理授权与员工创新行为之间的关系,构建三者之间的动态过程模型并进行实证检验,以提高结论的说服力。

(4)本研究尝试打开了人－组织匹配对员工创新行为影响机制的"黑箱",但这仅仅是初步的探索性工作,还有很多问题需要进一步探索。因此,在后续的研究中,可以通过探索性的案例研究和更全面的理论分析,识别出其他的中介变量和调节变量,以建立更为完善的、解释力更强的理论模型,更好地指导管理实践。

附　　录

附录 1　访谈提纲

1. 您来公司工作有多长时间了？

2. 您从事的具体工作是什么？在现有的岗位上工作多久了？

3. 您从事的工作是否需要创新行为？是正常的工作要求还是额外的要求？

4. 您听说过心理授权这个概念吗？您如何理解？

5. 您如何理解匹配这个概念，您觉得您个人与公司之间是否匹配，这是否会影响到您的心理授权感受呢？

6. 您觉得心理授权会对创新行为产生影响吗？

7. 您觉得上司的支持和同事的支持会影响到您的心理授权感受吗？会影响到您的创新行为吗？如果有影响，您能说说有什么样的影响吗？

8. 您认为还有哪些因素会促进或阻碍员工的创新行为？

附录 2　调查问卷

第一部分　背景资料

请根据您的实际情况,选择相应的数字。

1. 您的性别:

①男　②女

2. 您的年龄:

①25 岁以下　②26—30 岁　③31—35 岁　④36—40 岁　⑤41—
50 岁　⑥51 岁及以上

3. 您的学历:

①大专以下　②大专　③本科　④硕士　⑤博士及以上

4. 您的收入水平:

①1000 元/月以下　②1001—1500 元/月　③1501—2000 元/月
④2001—3000 元/月　⑤3001—5000 元/月　⑥5001 元/月以上

5. 您的职位是或相当于:

①基层技术工人　②班组长　③科员　④技术人员　⑤中层
管理者　⑥高层管理者

6. 您在现企业工作年限:

①1 年以下　② 1—3 年　③4—6 年　④7—10 年　⑤11—
20 年　⑥21 年以上

7. 您所在的部门是:

①生产部门　②研发部门　③采购部门　④工艺部门
⑤质量部门　⑥销售部门　⑦其他部门

8. 您所属的组织性质:

①国有企业　②民营企业　③合资企业　④事业单位　⑤其他

9. 您的企业属于:

①电子、电器　②生物医药　③IT 行业　④机械制造　⑤咨询、金融、服务业　⑥冶金与能源　⑦石油化工　⑧纺织服装　⑨房地产　⑩其他(请注明)＿＿

第二部分　工作情况调查

10. 下面是对您与组织之间是否匹配的描述,请根据这些描述与您实际情况的符合程度,选择相应的数字。

其中:"1"代表完全不符合,"2"代表有些不符合,"3"代表说不准,"4"代表有些符合,"5"代表完全符合。以下表格数字含义相同。

题项	内　容	完全不符合	有些不符合	说不准	有些符合	完全符合
A11	我个人的价值观和组织的价值观非常相似	1	2	3	4	5
A12	我个人的价值观能够与组织的价值观和文化相匹配	1	2	3	4	5
A13	组织的价值观与我个人在生活中的价值观相符合	1	2	3	4	5
A21	我的工作能提供给我所需要的物质资源和精神资源,正是我想寻找的工作	1	2	3	4	5
A22	目前的工作是我想要的工作	1	2	3	4	5
A23	我目前所从事的工作,几乎能给予我想要从工作当中得到的一切	1	2	3	4	5
A31	工作要求与我个人所具有的技能,能够很好地匹配	1	2	3	4	5
A32	我的能力和所受的训练,非常适合工作对我的要求	1	2	3	4	5
A33	我个人的能力及所受的教育,能与工作要求相匹配	1	2	3	4	5

11. 下面是有关您对工作认识的一些描述,请根据实际感受,选择相应的数字。

题项	内　容	完全不符合	有些不符合	说不准	有些符合	完全符合
B11	我的工作对我来说非常有意义	1	2	3	4	5
B12	工作上所作的事对我来说非常有意义	1	2	3	4	5
B13	我的工作对我来说非常重要	1	2	3	4	5
B21	我自己可以决定如何来着手做我的工作	1	2	3	4	5
B22	在如何完成工作上,我有很大的独立性和自主权	1	2	3	4	5
B23	在决定我的工作方法上,我有很大的自主权	1	2	3	4	5
B31	我掌握了完成工作所需要的各项技能	1	2	3	4	5
B32	我自信自己有能力做好工作上的各项事情	1	2	3	4	5
B33	我对自己完成工作的能力非常有信心	1	2	3	4	5
B41	我对发生在本部门的事情影响很大	1	2	3	4	5
B42	我对发生在本部门的事情起着很大的控制作用	1	2	3	4	5
B43	我对发生在本部门的事情有重大的影响	1	2	3	4	5

12. 下面是对您创新行为的描述,请根据实际感受,选择相应的数字。

题项	内　　容	完全不符合	有些不符合	说不准	有些符合	完全符合
C11	我会去探寻可改善公司、部门、工作流程或服务的机会	1	2	3	4	5
C12	我会去注意工作、部门、组织或市场中非例行性的议题	1	2	3	4	5
C13	我会针对问题提出构想或解决方式	1	2	3	4	5
C14	我会从不同角度看待问题,以获得更深入的见解	1	2	3	4	5
C15	我会去测试新构想或问题解决方式,以了解未被满足的需求	1	2	3	4	5
C16	我会去评估新构想的优缺点	1	2	3	4	5
C17	我会尝试说服他人了解新构想或解决方式的重要性	1	2	3	4	5
C18	我会主动去推动新构想并使其有机会被实行	1	2	3	4	5
C21	我会冒着风险去支持新构想	1	2	3	4	5
C22	当应用新的作业形态于工作流程、技术、产品或服务时,我会设法修正新方法所产生的毛病	1	2	3	4	5
C23	我会将可改善工作流程、技术、产品或服务的新构想,具体实行于每日例行性事务之中	1	2	3	4	5
C24	我会从事可能产生益处的改变	1	2	3	4	5

13. 下面是您对组织中上级主管支持方面的句子,请根据您的实际情况,选择相应的数字。

题项	内　　容	完全不符合	有些不符合	说不准	有些符合	完全符合
D11	我的上司很关心我的福利	1	2	3	4	5
D12	我的上司很关心我的个人目标和价值实现	1	2	3	4	5
D13	我的上司很重视我做出的贡献	1	2	3	4	5
D14	我的上司很重视我提出的观点或意见	1	2	3	4	5
D15	假如我需要特定的帮助,我的上司会愿意帮忙	1	2	3	4	5
D16	总的来说,我的上司对我的支持很大	1	2	3	4	5

14. 下面是您对组织中同事支持方面的句子,请根据您的实际情况,选择相应的数字。

题项	内　　容	完全不符合	有些不符合	说不准	有些符合	完全符合
E11	我与部门同事之间愿意彼此分享专业技能	1	2	3	4	5
E12	当部门同事工作进度落后时,彼此之间会相互帮忙	1	2	3	4	5

附 录

题项	内　　容	完全不符合	有些不符合	说不准	有些符合	完全符合
E13	在同事心情低落时,会相互打气鼓励	1	2	3	4	5
E14	我觉得部门同事给我的回馈十分有用	1	2	3	4	5
E15	同事能够提供给我有价值的信息,帮助我改善工作表现	1	2	3	4	5
E16	我和部门同事间共同讨论并解决工作问题	1	2	3	4	5
E17	在纷争产生时,同事间往往会有人出面来当和事佬	1	2	3	4	5

参考文献

[1] Abbey A, Dickson J W. R&D work climate and innovation in semiconductors[J]. Academy of Management Journal. 1983, 26 (2): 362—368.

[2] Agho A O, Mueller C W, Price J L. Determinants of employee job satisfaction: An empirical test of a causal model[J]. Human Relations. 1993, 46(8): 1007—1027.

[3] Amabile T M. The social psychology of creativity: A componential conceptualization[J]. Journal of personality and social psychology. 1983, 45(2): 357—376.

[4] Amabile T M. A model of creativity and innovation in organizations[J]. Research in Organizational Behavior. 1988, 10(1): 123—167.

[5] Amabile T M, Conti R, Coon H, et al. Assessing the Work Environment for Creativity[J]. Academy of Management Journal. 1996, 39(5): 1154—1184.

[6] Amabile T M. Entrepreneurial Creativity through Motivational Synergy[J]. Journal of Creative Behavior. 1997, 31 (1): 18—26.

[7] Amabile T M, Barsade S G, Mueller J S, et al. Affect and creativity at work[J]. Administrative Science Quarterly. 2005, 50 (3): 367—403.

[8] Aryee S. Leader-member exchange in a Chinese context: Antecedents, the mediating role of psychological empowerment and outcomes[J]. Journal of Business Research. 2006, 59(7): 793－801.

[9] Avolio B J, Zhu W, Koh W, et al. Transformational leadership and organizational commitment: Mediating role of psychological empowerment and moderating role of structural distance [J]. Journal of Organizational Behavior. 2004, 25(8): 951－968.

[10] Avolio B J. Leadership development in balance: made/ born[M]. Lawrence Erlbaum. 2005.

[11] Baron R M, Kenny D A. The moderator-mediator variable distinction in social psychological research: Conceptual, strategic, and statistical considerations[J]. Journal of personality and social psychology. 1986, 51(6): 1173－1182.

[12] Barrera M, Ainlay S L. The structure of social support: A conceptual and empirical analysis[J]. Journal of Community Psychology. 1983, 11: 133－143.

[13] Barron F. The dispositon toward originality[J]. Journal of Abnormal and Social Psychology. 1955, 51: 478－485.

[14] Barron F, Harrington D M. Creativity, intelligence, and personality[J]. Annual review of psychology. 1981, 32(1): 439－476.

[15] Bass B M. Leadership and performance beyond expectations[M]. Free Press New York, 1985.

[16] Beehr T A, Jex S M, Stacy B A, et al. Work stressors and coworker support as predictors of individual strain and job performance [J]. Journal of Organizational Behavior. 2000, 21(4): 391－405.

[17] Bowen D E, Lawler E E. Empowering service employees [J]. Sloan Management Review. 1995, 36(4): 73－84.

[18] Brief A P, Nord W R. Meanings of occupational work: A collection of essays[M]. Free Press. 1990.

[19] Bunce D, West M. Changing work environments: Innovative coping responses to occupational stress[J]. Work & stress. 1994.

[20] Cable D M, Judge T A. Person-Organization Fit, Job Choice Decisions, and Organizational Entry[J]. Organizational behavior and human decision processes. 1996, 67(3): 294−311.

[21] Cable D M, Derue D S. The convergent and discriminant validity of subjective fit perceptions[J]. Journal of Applied Psychology. 2002, 87(5): 875−883.

[22] Caplan R D. Person-environment fit theory and organizations: Commensurate dimensions, time perspectives, and mechanisms[J]. Journal of Vocational behavior. 1987, 31(3): 248−267.

[23] Carless S A. Does psychological empowerment mediate the relationship between psychological climate and job satisfaction? [J]. Journal of Business and Psychology. 2004, 18(4): 405−425.

[24] Chan D. Cognitive Misfit of Problem-Solving Style at Work: A Facet of Person-Organization Fit[J]. Organizational Behavior and Human Decision Processes. 1996, 68(3): 194−207.

[25] Chatman J A. Improving interactional organizational research: A model of person-organization fit[J]. Academy of Management Review. 1989, 14(3): 333−349.

[26] Chatman J A. Matching people and organizations: Selection and socialization in public accounting firms[J]. Administrative Science Quarterly. 1991, 36(3): 459−484.

[27] Choi J N. Person-Environment Fit and Creative Behavior: Differential Impacts of Supplies-Values and Demands-Abilities Versions of Fit[J]. Human Relations. 2004, 57(5): 531−552.

[28] Choi J N, Anderson T A, Veillette A. Contextual Inhibitors of Employee Creativity in Organizations: The Insulating Role of Creative Ability[J]. Group & Organization Management. 2009, 34(3): 330—357.

[29] Cohen S, Wills T A. Stress, social support, and the buffering hypothesis[J]. Psychological bulletin. 1985, 98(2): 310—357.

[30] Cole M S, Bruch H, Vogel B. Emotion as mediators of the relations between perceived supervisor support and psychological hardiness on employee cynicism[J]. Journal of Organizational Behavior. 2006, 27(4): 463—484.

[31] Conger J A, Kanungo R N. The empowerment process: Integrating theory and practice[J]. Academy of Management Review. 1988, 13(3): 471—482.

[32] Conger J A, Kanungo R N, Menon S T. Charismatic leadership and follower effects[J]. Journal of Organizational Behavior. 2000, 21(7): 747—767.

[33] Deci E L. Intrinsic motivation[M]. New York: Plenum, 1975.

[34] Deci E L, Ryan R M. Intrinsic motivation and self-determination in human behavior[M]. Springer, 1985.

[35] Edwards J R. Person-job fit: A conceptual integration, literature review, and methodological critique[J]. International review of industrial and organizational psychology. 1991, 6: 283—357.

[36] Eisenberger R, Huntington R, Hutchison S, et al. Perceived Organizational Support[J]. Journal of Applied Psychology. 1986, 71(3): 500—507.

[37] Eisenberger R, Armeli S, Rexwinkel B, et al. Reciprocation of perceived organizational support[J]. Journal of Applied Psy-

chology. 2001, 86(1): 42－51.

[38] Farmer S M, Tierney P, Kung-Mcintyre K. Employee creativity in Taiwan: An application of role identity theory[J]. The Academy of Management Journal. 2003: 618－630.

[39] Fornell C, Larcker D F. Evaluating structural equation models with unobservable variables and measurement error[J]. Journal of marketing research. 1981: 39－50.

[40] Fredrickson B L, Joiner T. Positive emotions trigger up-ward spirals toward emotional well-being[J]. Psychological Science. 2002, 13(2): 172－175.

[41] George J M, Zhou J. Dual tuning in a supportive context: Joint contributions of positive mood, negative mood, and supervi-sory behaviors to employee creativity[J]. Academy of Management Journal. 2007, 50(3): 605－622.

[42] Gist M E, Mitchell T R. Self-efficacy: A theoretical anal-ysis of its determinants and malleability[J]. Academy of Manage-ment Review. 1992, 17(2): 183－211.

[43] Gong Y, Huang J C, Farh J L. Employee learning orien-tation, transformational leadership, and employee creativity: The mediating role of employee creative self-efficacy[J]. The Academy of Management Journal (AMJ). 2009, 52(4): 765－778.

[44] Goodman S A, Svyantek D J. Person-organization fit and contextual performance: Do shared values matter[J]. Journal of Vocational Behavior. 1999, 55(2): 254－275.

[45] Gregory B T, Albritton M D, Osmonbekov T. The Medi-ating Role of Psychological Empowerment on the Relationships be-tween P-O Fit, Job Satisfaction, and In-role Performance[J]. Jour-nal of Business and Psychology. 2010, 25(4): 639－647.

[46] Hackman J R, Pearce J L, Wolfe J C. Effects of changes

in job characteristics on work attitudes and behaviors: A naturally occurring quasi-experiment[J]. Organizational Behavior and Human Performance. 1978, 21(3): 289—304.

[47] Hepworth W, Towler A. The effects of individual differences and charismatic leadership on workplace aggression[J]. Journal of Occupational Health Psychology. 2004, 9(2): 176—185.

[48] Hinkle R K, Choi N. Measuring Person-Environment Fit: A further validation of the perceived fit scale[J]. International Journal of Selection and Assessment. 2009, 17(3): 324—328.

[49] Hirst G, van Knippenberg D, Zhou J. A Cross-Level Perspective on Employee Creativity: Goal Orientation, Team Learning Behavior, and Individual Creativity[J]. The Academy of Management Journal (AMJ). 2009, 52(2): 280—293.

[50] Hochw Lder J, Brucefors A B. Psychological empowerment at the workplace as a predictor of ill health[J]. Personality and individual differences. 2005, 39(7): 1237—1248.

[51] Hochwarter W A, Kacmar C, Perrewe P L, et al. Perceived organizational support as a mediator of the relationship between politics perceptions and work outcomes[J]. Journal of Vocational Behavior. 2003, 63(3): 438—456.

[52] Hoffman B J, Woehr D J. A quantitative review of the relationship between person-organization fit and behavioral outcomes [J]. Journal of Vocational Behavior. 2006, 68(3): 389—399.

[53] Holland J L. Making vocational choices: A theory of careers[M]. Englewood Cliffs, NJ: Prentice-Hall , 1973.

[54] House R J. Power and personality in complex organizations[J]. Research in organizational behavior. 1988, 10: 305—357.

[55] Janssen O. Job demands, perceptions of effort-reward fairness and innovative work behaviour[J]. Journal of Occupational

and organizational psychology. 2000，73(3)：287－302.

[56] Janssen O. The joint impact of perceived influence and supervisor supportiveness on employee innovative behaviour[J]. Journal of occupational and organizational psychology. 2005，78 (4)：573－579.

[57] Jeongkoo Y, Thye S. Supervisor Support in the Work Place：Legitimacy and Positive Affectivity[J]. Journal of Social Psychology. 2000，140(3)：295－316.

[58] Kanter R M. The change masters[M]. New York：Simon & Schuster, 1983.

[59] Karasek R A, Triantis K P, Chaudhry S S. Coworker and supervisor support as moderators of associations between task characteristics and mental strain[J]. Journal of Occupational Behaviour. 1982，3(2)：181－200.

[60] Khazanchi S. A" social exchange" model of creativity [D]. 2005.

[61] Kleysen R F, Street C T. Toward a multi-dimensional measure of individual innovative behavior[J]. Journal of Intellectual Capital. 2001，2(3)：284－296.

[62] Koberg C S, Boss R W, Senjem J C, et al. Antecedents and Outcomes of Empowerment [J]. Group & Organization Management. 1999，24(1)：71－91.

[63] Kohli A K, Jaworski B J. The influence of coworker feedback on salespeople[J]. The Journal of Marketing. 1994，58(4)：82－94.

[64] Kottke J L, Sharafinski C E. Measuring perceived supervisory and organizational support[J]. Educational and psychological Measurement. 1988，48(4)：1075－1079.

[65] Kristof A L. Person-organization fit：An integrative re-

view of its conceptualizations, measurement, and implications[J]. Personnel Psychology. 1996, 49(1): 1—49.

[66] Lauver K J, Kristof-Brown A. Distinguishing between employees' perceptions of person-job and person-organization fit [J]. Journal of Vocational Behavior. 2001, 59(3): 454—470.

[67] Liden R C, Wayne S J, Sparrowe R T. An examination of the mediating role of psychological empowerment on the relations between the job, interpersonal relationships, and work outcomes [J]. Journal of Applied Psychology. 2000, 85(3): 407—416.

[68] Livingstone L P, Nelson D L, Barr S H. Person-environment fit and creativity: an examination of supply-value and demand-ability versions of fit[J]. Journal of Management. 1997, 23 (2): 119.

[69] Mackinnon D W. Personality and the realization of creative potential[J]. American Psychologist. 1965, 20(4): 273—281.

[70] Maertz Jr C P, Griffeth R W, Campbell N S, et al. The effects of perceived organizational support and perceived supervisor support on employee turnover[J]. Journal of Organizational Behavior. 2007, 28(8): 1059—1075.

[71] Martín P. Job demands, job resources and individual innovation at work: Going beyond Karasek's model? [J]. Psicothema. 2007, 19(4): 621—626.

[72] Menon S. Employee empowerment: An integrative psychological approach[J]. Applied Psychology: An International Review. 2001, 50(1): 153—180.

[73] Muchinsky P M, Monahan C J. What is person environment congruence? Supplementary versus complementary models of fit[J]. Journal of Vocational Behavior. 1987, 31(3): 268—277.

[74] Mumford M D, Gustafson S B. Creativity syndrome: In-

tegration, application, and innovation[J]. Psychological bulletin. 1988, 103(1): 27−43.

[75] Nannally J C. Psychometric theory[M]. New York: Mcgraw—Hill. 1978.

[76] Oldham G R, Cummings A. Employee creativity: Personal and contextual factors at work[J]. Academy of Management Journal. 1996: 607−634.

[77] O'Reilly Iii C A, Chatman J, Caldwell D F. People and organizational culture: A profile comparison approach to assessing person-organization fit[J]. Academy of management Journal. 1991, 34(3): 487−516.

[78] Perry-Smith J E. Social Yet Creative: The role of social relationships in facilitating individual creativity[J]. Academy of Management Journal. 2006, 49(1): 85−101.

[79] Posner B Z. Person-organization values congruence: No support for individual differences as a moderating influence[J]. Human Relations. 1992, 45(4): 351−361.

[80] Resick C J, Baltes B B, Shantz C W. Person-organization fit and work-related attitudes and decisions: Examining interactive effects with job fit and conscientiousness[J]. Journal of Applied Psychology. 2007, 92(5): 1446−1455.

[81] Rhoades L, Eisenberger R. Perceived organizational support: A review of the literature[J]. Journal of Applied Psychology. 2002, 87(4): 698−714.

[82] Saks A M, Ashforth B E. Is job search related to employment quality? It all depends on the fit[J]. Journal of Applied Psychology. 2002, 87(4): 646−654.

[83] Schneider B. The people make the place[J]. Personnel psychology. 1987, 40(3): 437−453.

[84] Schneider B, Goldstein H W, Smith D B. The ASA framework: An update[J]. Personnel Psychology. 1995, 48(4): 747－773.

[85] Scott S, Bruce R. The influence of leadership, individual attributes, and climate on innovative behavior: A model of individual innovation in the workplace[J]. Academy of Management Journal. 1994, 37(1): 580－607.

[86] Seibert S E, Silver S R, Randolph W A. Taking empowerment to the next level: A multiple-level model of empowerment, performance, and satisfaction[J]. The Academy of Management Journal. 2004, 47(3): 332－349.

[87] Settoon R P, Mossholder K W. Relationship quality and relationship context as antecedents of person-and task-focused interpersonal citizenship behavior[J]. Journal of Applied Psychology. 2002, 87(2): 255－267.

[88] Shalley C E. Effects of productivity goals, creativity goals, and personal discretion on individual creativity[J]. Journal of Applied Psychology. 1991, 76(2): 179－185.

[89] Shalley C E, Gilson L L, Blum T C. Matching creativity requirements and the work environment: Effects on satisfaction and intentions to leave[J]. The Academy of Management Journal. 2000, 43(2): 215－223.

[90] Shalley C E, Gilson L L. What leaders need to know: A review of social and contextual factors that can foster or hinder creativity[J]. The Leadership Quarterly. 2004, 15(1): 33－53.

[91] Shalley C E, Zhou J, Oldham G R. The effects of personal and contextual characteristics on creativity: Where should we go from here? [J]. Journal of management. 2004, 30(6): 933－958.

[92] Shalley C E, Gilson L L, Blum T C. Interactive Effects

of Growth Need Strength, Work Context, and Job Complexity on Self-Reported Creative Performance[J]. Academy of Management Journal. 2009, 52(3): 489—505.

[93] Shin S J, Zhou J. Transformational leadership, conservation, and creativity: Evidence from Korea[J]. The Academy of Management Journal. 2003, 46(6): 703—714.

[94] Shin S J, Zhou J. When is educational specialization heterogeneity related to creativity in research and development teams? Transformational leadership as a moderator[J]. Journal of Applied Psychology. 2007, 92(6): 1709—1721.

[95] Spreitzer G M. Psychological empowerment in the workplace: Dimensions, measurement, and validation[J]. The academy of management journal. 1995, 38(5): 1442—1465.

[96] Spreitzer G M. Social structural characteristics of psychological empowerment[J]. Academy of Management Journal. 1996, 39(2): 483—504.

[97] Spreitzer G M, de Janasz S C, Quinn R E. Empowered to lead: The role of psychological empowerment in leadership[J]. Journal of Organizational Behavior. 1999, 20(4): 511—526.

[98] Stinglhamber F, Vandenberghe C. Organizations and supervisors as sources of support and targets of commitment: A longitudinal study[J]. Journal of Organizational Behavior. 2003, 24(3): 251—270.

[99] Super D E. A theory of vocational development[J]. American Psychologist. 1953, 8(5): 185—190.

[100] Thomas K W, Velthouse B A. Cognitive elements of empowerment: An" interpretive" model of intrinsic task motivation [J]. The Academy of Management Review. 1990, 15(4): 666—681.

［101］Tierney P，Farmer S M，Graen G B. An examination of leadership and employee creativity：The relevance of traits and relationships［J］. Personnel Psychology. 1999，52(3)：591－620.

［102］Van der Vegt G S，Janssen O. Joint impact of interdependence and group diversity on innovation［J］. Journal of Management. 2003，29(5)：729.

［103］Van Maanen J，Schein E H. Toward a theory of organizational socialization［J］. Research in organizational behavior. 1979，1：209－264.

［104］Vancouver J B，Schmitt N W. An exploratory examination of person-organization fit：Organizational goal congruence［J］. Personnel Psychology. 1991，44(2)：333－352.

［105］Westerman J W，Cyr L A. An integrative analysis of person-organization fit theories［J］. International Journal of Selection and Assessment. 2004，12(3)：252－261.

［106］Woodman R W，Sawyer J E，Griffin R W. Toward a theory of organizational creativity［J］. Academy of Management Review. 1993，18(2)：293－321.

［107］Zhang X，Bartol K M. Linking empowering leadership and employee creativity：the influence of psychological empowerment，intrinsic motivation，and creative process engagement［J］. The Academy of Management Journal (AMJ). 2010，53(1)：107－128.

［108］Zhou J. Feedback valence，feedback style，task autonomy，and achievement orientation：Interactive effects on creative performance［J］. Journal of Applied Psychology. 1998，83(2)：261－276.

［109］Zhou J，George J M. When job dissatisfaction leads to creativity：Encouraging the expression of voice［J］. Academy of

Management Journal. 2001，44(4)：682－696.

［110］Zhou J，George J M. Awakening employee creativity：The role of leader emotional intelligence［J］. The leadership quarterly. 2003，14(4－5)：545－568.

［111］Zhou J，Shin S J，Brass D J，et al. Social networks，personal values，and creativity：evidence for curvilinear and interaction effects［J］. The Journal of applied psychology. 2009，94(6)：1544－1552.

［112］Zimmerman M A. Taking aim on empowerment research：On the distinction between individual and psychological conceptions［J］. American Journal of Community Psychology. 1990，18(1)：169－177.

［113］宝贡敏，刘枭.感知组织支持的多维度构思模型研究［J］.科研管理.2011，32(2)：160－168.

［114］陈迪.组织气候、心理授权与科技人员工作态度的影响关系［J］.科学学与科学技术管理.2008(4)：195－200.

［115］陈浩.工作要求与创新工作行为关系的研究［J］.技术经济与管理研究.2011(1)：41－45.

［116］陈卫旗，王重鸣.人－职务匹配、人－组织匹配对员工工作态度的效应机制研究［J］.心理科学.2007，30(4)：979－981.

［117］陈向明.质的研究方法与社会科学研究［M］.北京：教育科学出版社，2000.

［118］陈晓萍，徐淑英，樊景立.组织与管理研究的实证方法［M］.北京：北京大学出版社，2008.

［119］陈学军，章倩，陈刚.心理契约违背对组织公民行为的影响：上级支持的中介作用［J］.人类工效学.2011，17(02)：19－23.

［120］陈志霞，陈传红.组织支持感及支持性人力资源管理对员工工作绩效的影响［J］.数理统计与管理.2010，29(4)：719－727.

［121］陈志霞，廖建桥.组织支持感及其前因变量和结果变量

研究进展[J].人类工效学.2006,12(01):62-65.

[122] 戴春林,李茂平,张松.同事支持研究的回顾与思考[J].企业研究.2011(8):145-146.

[123] 丁琳,席酉民,白云涛.领导行为对员工创新能力支持的作用研究——基于西安一高新企业的实证研究[J].管理评论.2009,21(4):83-89.

[124] 杜旌,王丹妮.匹配对创造性的影响:集体主义的调节作用[J].心理学报.2009,41(10):980-988.

[125] 冯力.统计学实验[M].大连:东北财经大学出版社,2008.

[126] 傅升,丁宁宁,赵懿清.企业内的社会交换关系研究:组织支持感与领导支持感[J].科学学与科学技术管理.2010(6):175-181.

[127] 郭本禹.当代心理学的新进展[M].济南:山东教育出版社,2003.

[128] 郭桂梅,段兴民.员工一组织关系、内在动机与员工创造性——中国企业的实证研究[J].管理评论.2008,20(3):16-24.

[129] 郭韬.基于复杂性理论的企业组织创新研究[D].哈尔滨工程大学,2008.

[130] 黄致凯.组织创新气候知觉、个人创新行为、自我效能知觉与问题解决型态关系之研究——以银行业为研究对象[D].国立中山大学,2004.

[131] 金杨华,王重鸣.人与组织匹配研究进展及其意义[J].人类工效学.2001,7(2):36-39.

[132] 鞠芳辉,谢子远,季晓芬.善待员工的工作不满:工作不满与员工创新性的关系实证研究[J].中国工业经济.2008(06):108-117.

[133] 雷巧玲,赵更申.知识型员工个体特征对心理授权影响的实证研究[J].科学学与科学技术管理.2009(8):182-185.

[134] 李超平，李晓轩，时勘.授权的测量及其与员工工作态度的关系[J].心理学报.2006，38(1)：99－106.

[135] 李超平，田宝，时勘.变革型领导与员工工作态度：心理授权的中介作用[J].心理学报.2006，38(2)：297－307.

[136] 李锐，凌文辁.主管支持感研究述评及展望[J].心理科学进展.2008，16(2)：340－347.

[137] 李锐，凌文辁，方俐洛.上司支持感知对下属建言行为的影响及其作用机制[J].中国软科学.2010(4)：106－115.

[138] 李锡元，高婧.工作家庭冲突、上司支持感与工作满意度的关系研究——基于中层职业经理人的实证分析[J].科学学与科学技术管理.2011，32(2)：163－170.

[139] 李原.企业员工的心理契约：概念，理论及实证研究[M].上海：复旦大学出版社，2006.

[140] 凌俐，陆昌勤.心理授权研究的现状[J].心理科学进展.2007，15(4)：652－658.

[141] 刘耀中.心理授权的结构维度及其与员工创新行为的关系研究[J].西北师大学报(社会科学版).2008，45(6)：90－94.

[142] 刘云，石金涛.组织创新气氛与激励偏好对员工创新行为的交互效应研究[J].管理世界.2009(10)：88－101.

[143] 刘云，石金涛.授权理论的研究逻辑——心理授权的概念发展[J].上海交通大学学报(哲学社会科学版).2010，18(1)：54－59.

[144] 刘云，石金涛.组织创新气氛对员工创新行为的影响过程研究——基于心理授权的中介效应分析[J].中国软科学.2010(3)：133－144.

[145] 龙立荣，赵慧娟.个人－组织价值观匹配研究：绩效和社会责任的优势效应[J].管理学报.2009，6(6)：61－69.

[146] 卢小君.学习型文化对个体创新行为的影响机理研究[D].大连理工大学，2007.

[147] 施建锋,马剑虹.社会支持研究有关问题探讨[J].人类工效学.2003,9(1):58－61.

[148] 苏红玲.组织内工作伙伴支持影响员工创造力的过程模型研究[D].浙江大学,2008.

[149] 孙健敏,王震.人与组织匹配对个体创新行为的影响[C].2009.

[150] 孙健敏,王震.人—组织匹配研究述评:范畴、测量及应用[J].首都经济贸易大学学报.2009(3):16－22.

[151] 佟丽君,吕娜.组织公正、心理授权与员工进谏行为的关系研究[J].心理科学.2009,32(5):1067－1069.

[152] 王德清.中外管理思想史[M].重庆:重庆大学出版社,2005.

[153] 王国猛,郑全全.组织支持感与组织公民行为:心理授权的中介作用[C].2007.

[154] 王国猛,郑全全.员工授权管理:起源、研究范式及其发展趋势[J].科研管理.2008,29(3):164－171.

[155] 王垒,姚翔,王海妮.管理者权力距离对员工创造性观点产生与实施关系的调节作用[J].应用心理学.2008,14(3):203－207.

[156] 王先辉,段锦云,田晓明,孔瑜.员工创造性:概念、形成机制及总结展望[J].心理科学进展.2010,18(5):760－768.

[157] 王振宏.学习动机的认知理论与应用[M].北京:中国社会科学出版社,2009.

[158] 魏蕾,时勘.家长式领导与员工工作投入:心理授权的中介作用[J].心理与行为研究.2010,8(2):88－93.

[159] 吴帆.集体理性下的个体社会行为模式分析[M].北京:经济科学出版社,2007.

[160] 吴敏,刘主军,吴继红.变革型领导、心理授权与绩效的关系研究[J].软科学.2009,23(10):111－117.

[161] 吴志平，林志扬，陈福添. 心理授权在工作再设计与组织承诺之间的中介效应研究[J]. 华东经济管理. 2010，24(10)：117－122.

[162] 熊彼特著，叶华译. 经济发展理论：对利润、资本、信贷、利息和经济周期的探究[M]. 北京：中国社会科学出版社，2009.

[163] 徐岚，杨志林，周南. 友善和正直：何时对品牌信任更重要？——影响友善和正直与品牌信任关系的调节变量研究[J]. 营销科学学报. 2009，4(1)：15－35.

[164] 薛靖，谢荷锋. 知识转换能力、网络中心性对个人创新行为影响的研究[J]. 技术经济. 2006，25(5)：85－88.

[165] 杨国枢. 中国人的心理与行为：本土化研究[M]. 北京：中国人民大学出版社，2004.

[166] 袁凌，初立娜. 个人与组织匹配对组织公民行为的影响研究[J]. 当代财经. 2008(8)：87－90.

[167] 袁平. 互动导向、市场环境、战略类型与企业绩效之关系研究[D]. 吉林大学，2010.

[168] 袁庆宏，王双龙. 心理授权与主动性人格对个体创新行为的影响研究[J]. 当代财经. 2010(11)：69－76.

[169] 袁勇志，何会涛，彭纪生. 支持感知对知识共享行为的影响：不同支持感知的比较研究[J]. 心理科学. 2010，33(05)：1100－1103.

[170] 曾湘泉，周禹. 薪酬激励与创新行为关系的实证研究[J]. 中国人民大学学报. 2008(5)：86－93.

[171] 张宁俊，周灿，张家瑞. 服务企业主管支持感与员工工作满意度关系调查[J]. 经济纵横. 2011(7)：109－112.

[172] 张翼，樊耘，邵芳. 论人与组织匹配的内涵、类型与改进[J]. 管理学报. 2009，6(10)：1377－1383.

[173] 赵慧娟，龙立荣. 个人－组织匹配与工作满意度——价值观匹配、需求匹配与能力匹配的比较研究[J]. 工业工程与管理.

2009(4):117－121.

[174]赵鑫.组织创新氛围、知识共享与员工创新行为[D].浙江大学,2011.

[175]周明建.组织、主管支持,员工情感承诺与工作产出[D].浙江大学,2005.

[176]周晓虹.现代西方社会心理学流派[M].南京:南京大学出版社,1990.